A IDEIA DO TEATRO

Coleção ELOS
Dirigida por J. Guinsburg

Equipe de realização – Tradução: J. Guinsburg • Revisão: Lilian Miyoko Kumai • Logotipo da coleção: A. Lizárraga • Projeto gráfico de capa e miolo: Adriana Garcia • Produção: Ricardo W. Neves e Sergio Kon.

José Ortega y Gasset

A IDEIA
DO TEATRO

Título do original espanhol
Idea del teatro

© Herdeiros de José Ortega y Gasset

Dados Internacionais de Catalogação na Publicação (CIP)
(Câmara Brasileira do Livro, SP, Brasil)

Ortega y Gasset, José, 1883-1955.
 A idéia do teatro / José Ortega y Gasset ;
[tradução J. Guinsburg]. -- São Paulo : Perspectiva,
2014. -- (Elos ; 25)

 Título original: Idea del teatro.
 2. reimpr. da 2. ed. de 2007
 Bibliografia.
 ISBN 978-85-273-0373-6

 1. Teatro - Ensaios, conferências etc.
I. Título. II. Série.

07-4455   CDD-792

Índices para catálogo sistemático:
1. Arte dramática : Teatro   792
2. Teatro : Artes da representação   792

2ª edição – 2ª reimpressão
[PPD]

Direitos reservados em língua portuguesa à
EDITORA PERSPECTIVA LTDA.

Av. Brigadeiro Luís Antônio, 3025
01401-000 São Paulo SP Brasil
Telefax: (11) 3885-8388
www.editoraperspectiva.com.br

2019

Sumário

Nota Preliminar 9

IDEIA DO TEATRO
    Uma Abreviatura 13

ANEXOS
    I. Máscaras 63
    II. O Século 103

NOTA PRELIMINAR

No texto o autor declara as circunstâncias que o levaram a pronunciar esta conferência em Lisboa e Madri a 13 de abril e 4 de maio de 1946[1]. Ortega pensou publicá-la agregando-lhe alguns anexos que começou a escrever seguidamente. O anexo I está manuscrito como o transcrevemos. O II procede de uma digressão, eliminada pelo autor do começo da conferência, que julgamos oportuno acolher neste lugar. Os III e IV, a que se alude, apareceram só em notas soltas, que se publicarão ulteriormente.

Esta *Ideia do Teatro* e o importante texto do anexo I, assim como outros estudos do autor – por exemplo, a biografia de Velázques, a análise da caça –, servem acentuadamente de exemplo do método da razão vivente e histórica, doutrina essencial de seu pensamento filosófico.

Os Compiladores

1. Na *Revista Nacional de Educación,* n. 62, Madri, 1946, publicou-se uma versão deficientíssima desta última.

Ideia do Teatro

Uma Abreviatura

Não há para que ter espaventos excepcionais. O Ateneo de Madri, que voltou a seu antigo nome como ao punho volve o falcão, quis inaugurar esta sua nova etapa falando-lhes de algo. Faz muitos, muitos anos, talvez um quarto de século, que eu não falava nesta casa onde falei, ou melhor, balbuciei pela primeira vez, e faz também demasiados anos que ando vagando fora de Espanha, tantos anos que, quando parti, podia com certo viso de verdade crer que ainda conservava uma como que retaguarda de juventude, e agora, quando retorno, volto já velho. Toda uma geração de moços nem me viu nem me ouviu, e este encontro com ela é para mim tão problemático que só posso aspirar a que, depois de me ver e me ouvir, sintam o desejo de repetir, salvando as distâncias, os versos do velho romance que relatam o que o povo cantava do Cid – por isso reclamava eu uma ampla salvação de distâncias –, o que cantava para o Cid quando este, após longos anos de expatriação em Valência, tenha de mouros naquele tempo, voltou a entrar em Castela, e que começam assim:

> *Viejo que venís el Cid,*
> *viejo venís y florido...**

Este único emparelhamento semidiscreto que cabe entre a belicosa pessoa do Cid e a minha tão pacífica – notem que isto significa fazedora de paz –, emparelhamento, que consiste em uma inquestionável velhice e uma eventual reflorescência, é uma audácia deliberada que me permite, é claro, e, como dizemos em tauromaquia, *a porta gaiola* – que é uma sorte portuguesa –, a fim de que seu vigor de caricatura simbolize veementemente o imperativo de continuidade, de continuação que a todos devia unir-nos. Continuar não é ficar no passado nem sequer enquistar-se no presente, mas mobilizar-se, ir mais além, inovar, porém renunciando ao pulo e ao salto e a partir do nada; muito ao contrário, é ficar os calcanhares no passado, despegar-se do presente, e *pari passu*, um pé após outro à frente, pôr-se em marcha, caminhar, avançar. A continuidade é o fecundo contubérnio ou, se se quer, a coabitação do passado com o futuro, e é a única maneira eficaz de não ser reacionário. O homem *é* continuidade, e quando descontinua, e na medida em que descontinua, é que deixa transitoriamente de ser homem, renuncia a ser ele mesmo e se torna outro – *alter* –, é que está alterado, que no país houve alterações. Convém, pois, pôr termo nestas radicalmente e que o homem volte a ser

---

*. Velho que vindes o Cid/velho vindes e florido. (N. da T.)

ele mesmo, ou como costumo dizer, com um estupendo vocábulo que somente nosso idioma* possui, que deixe de alterar-se e consiga ensimesmar-se.

Por uma vez, após enormes angústias e infortúnios, a Espanha tem sorte. Apesar de certas miúdas aparências, de breves nuvens pesadas que não passam de anedotas meteorológicas, o horizonte histórico da Espanha está desanuviado. Bem entendido: esse horizonte histórico que é hoje mais do que nunca o horizonte universal, é superlativamente problemático – mas isto significa apenas que está cheio de tarefas, de coisas que é preciso fazer e que é preciso saber fazer. É que, enquanto os demais povos, além destas tarefas universais que definem a época à vista, se acham enfermos – poderíamos muito bem diagnosticar a enfermidade de cada um – o nosso, cheio, sem dúvida, de defeitos e péssimos hábitos, por casualidade saiu desta etapa turva e turbulenta com uma surpreendente, quase indecente, saúde. As causas disso, se se quer evitar os néscios lugares-comuns e enunciar a verdade nua, poderiam ser precisadas com todo o rigor, mas não são para ser ditas agora. Pois bem, essa inesperada saúde histórica – digo histórica, não pública –, essa inesperada saúde com que nos encontramos, perdê-la-emos novamente se não cuidarmos dela – e para isso é mister que estejamos alerta e que todos, notem a generalidade do vocábulo, notem o vocábulo generalíssimo, *todos* tenhamos a alegria e a vontade e a justiça, tanto legal como social, de criar uma nova figura da Espanha, apta a internar-se saudável nas contingências do mais imprevisto porvir. Para isso é mister

---

*. O português também o possui. (N. da T.)

que *todos* demos tratos um pouco à cabeça, aguçemos o sentido para inventar novas formas de vida onde o passado desemboque no futuro, que enfrentemos os enormes, novíssimos, inauditos problemas que o homem tem hoje diante de si, com agilidade, com perspicácia, com originalidade, com graça – em suma, com aquilo sem o qual não se pode tourear nem se pode fazer verdadeiramente história, a saber: com garbo.

Mas não vim aqui dissertar sobre tão graves temas, mas simplesmente satisfazer o desejo que este Ateneo tem de que eu inaugure o retorno à sua habitualidade. Havia para isso dificuldades. Estou metido em longos e intensos trabalhos que reclamam toda a minha atenção. Vim precisamente descansar uns dias da dura faina em que ando enredado. Nesta situação, a única coisa que posso fazer é insistir, dando-lhe outra forma, no tema que, por acaso, tive de tocar recentemente numa conferência dada em Lisboa – onde me propuseram responder à pergunta: "Que é o teatro?". Isso ofereço a vocês. É um tema quanto ao mais muito ao viés, costumeiro na melhor tradição desta casa, que sempre procurou ocupar-se de assuntos aparentemente supérfluos – a tal ponto que, inclusive, quando se falava aqui de política, o que acontecia com esmagadora frequência, o espírito da casa, o *genius loci*, conseguia fazer dela o que a política devia ser mas desgraçadamente não pode ser, ou seja: a grande superfluidade. Mas sobre isto, sobre o que é a política, portanto, não só o que é a boa política frente à má ou a má frente à boa, mas em absoluto, o que, boa ou má, a política *é* e por que existe no universo coisa tão estranha como ela – questão que, embora pareça mentira, nenhum pensador até agora enfrentou a fundo, a sério e de frente –, temos que falar, jovens, e muito! Não agora – mais adiante –, não sei bem quando – um dia entre os dias. Mas temos de falar, jovens, larga e energicamente, porque temos que ver nossas caras – nem há que dizer –, a minha, velha, com as vossas, moças.

Mas agora vamos falar do teatro, tema que nos permite da maneira mais natural e, como disse no começo, podada de espantos recobrar a continuidade. Continuemos.

Que coisa é o teatro?[1]

---

1. Até aqui a introdução em Madri. A seguir, a conferência de Lisboa.

Senhoras, senhores: *O Século*, a cujo diretor, Senhor Pereira da Rosa, e ao Senhor Eduardo Schwalbach, nosso presidente, agradeço a generosa amabilidade de sua saudação – *O Século* quis que eu inaugurasse esta série de conferências dedicadas à História do Teatro com uma em que tento aclarar *o que é* o teatro. Mas, ao encontrar-me falando pela primeira vez na casa de *O Século*, brota-me na alma um veemente apetite de falas sobre outro tema muito diverso e ainda mais suculento. Qual? Se eu pudesse falar hoje sobre ele, começaria minha conferência assim: sabem os senhores de *O Século* o que significa o *século*? Não é que pedantemente me converta eu num *magister* examinador que se proponha a examinar aos senhores de *O Século* sobre o título de seu periódico. O tom de pergunta que dei às minhas palavras não pretende mais que excitar-lhes a curiosidade, porque, com efeito, se trata de uma das ideias mais estupendas, mais profundas que o homem teve acerca de sua própria condição, mas que hoje é insuficientemente conhecida[1]. Porém, repito, não posso hoje falar desse tema, porque hoje não sou livre, porque hoje sou escravo na galera fretada por este querido e terrível Senhor Acúrcio Pereira e não tenho outro remédio senão empunhar o remo e vogar a proa para a rota por ele marcada. Dócil, pois, a meu compromisso, entro sem mais a cumpri-lo.

O que é essa coisa chamada Teatro? A coisa chamada Teatro, como a coisa chamada homem, são muitas, inumeráveis coisas diferentes entre si que nascem e morrem, que variam, que se transformam a ponto de, à primeira vista, uma forma não parecer-se em nada com a outra. Homens eram aquelas criaturas reais que serviam de modelo aos anões de Velázques e homem era Alexandre Magno, que foi o magno *pessegão*[2] de toda a história. Pelo fato mesmo de que uma coisa é sempre muitas e divergentes coisas, nos interessa averiguar se por entre e em toda essa variedade de formas não subsiste, mais ou menos latente, uma estrutura que nos permite chamar a inumeráveis e diferentes indivíduos de "homem", a muitas e divergentes manifestações de "teatro". Essa estrutura que debaixo de suas modificações concretas e visíveis permanece idêntica é o ser da coisa. Portanto, o ser de uma coisa está sempre dentro da coisa concreta e singular, está coberto por esta, oculto, latente. Daí necessitarmos des-ocultá-lo, descobri-lo e tornar patente o latente. Em

---

1. Ver o anexo II, "O Século".
2. Expressão coloquial com que as mulheres portuguesas designam o rapagão.

grego, estar coberto, oculto, diz-se *lathein,* com a mesma raiz de nosso latente e latir. Dizemos do coração que ele late não porque pulse e se mova, mas porque é uma víscera, porque é o oculto ou latente dentro do corpo. Quando logramos trazer claramente à luz o ser oculto da coisa dizemos que averiguamos sua verdade. Pelo visto, averiguar significa certificar, tornar manifesto algo oculto, e o vocábulo com que os gregos diziam "verdade" – *altheia* – vem a significar o mesmo: *a* equivale a *des;* portanto, *aletheia* é des-ocultar, des-cobrir, des-latentizar. Perguntarmo-nos pelo ser do Teatro equivale, em consequência, a perguntarmo-nos por sua verdade. A noção que nos entrega o ser, a verdade de uma coisa é sua Ideia. Vamos tentar fazer uma Ideia do Teatro, *a* Ideia do Teatro. Como a brevidade do tempo com que conto é extrema, isso me obriga a reduzir ao extremo a exposição da Ideia, a oferecer-lhes apenas *uma abreviatura da Ideia do Teatro.* E aqui têm vocês aclarado o título desta conferência: *Ideia do Teatro – Uma abreviatura.* Estamos de acordo? Que lhes parece se falarmos sobre este tema por um momento, nada mais do que por um momento? Nada mais do que por um momento, mas... a sério, completamente a sério. Vamos, pois, a isso.

Suponham que a única vez que viram e falaram a um homem coincida com uma hora em que este homem sofria uma cólica de estômago ou estava com um ataque de nervos ou quarenta graus de temperatura. Se alguém depois lhes perguntasse que opinião tinham vocês sobre o que aquele homem é, considerar-se-iam com direito de definir seu caráter e dotes? Evidentemente não. Vocês o haviam conhecido quando aquele homem não era propriamente aquele homem, mas apenas a ruína daquele homem. É condição de toda realidade passar por estes dois aspectos de si mesma: aquilo que é quando é com plenitude ou em perfeição e aquilo que é quando é ruína. Para usar um esplêndido termo do esporte atual, que teria entusiasmado Platão – claro, pois se vem dele! –; para usar, digo, um termo esportivo, ao ser com plenitude e em perfeição chamaremos "ser em forma"*. E assim oporemos o "ser em forma" ao "ser ruína".

Pois assim como vocês fariam mal em definir um homem segundo a sua aparência quando o viram enfermo, o Teatro e toda a realidade devem ser definidos segundo seu "ser em forma" e não em seus modos deficientes e ruinosos. Aquele explica e aclara estes, mas não ao revés. Quem não viu senão más corridas de touros – e quase todas o são – não sabe o que é uma corrida de touros; quem não teve a sorte de encontrar em sua vida uma mulher genialmente feminina não sabe o que é uma mulher.

Ruína! – de *ruere* –, o que veio abaixo, caiu, cadente ou decadente. É lamentável, senhores, que tudo quanto existe no Universo não exista com plenitude e em perfeição, mas que, pelo contrário, à graça e à virtude mais perfeitas lhes sobrevenha inexoravelmente a hora da ruína. Não há nada mais melancólico, e por isso os românticos, já desde Poussin e Claude Lorrain, que foram os proto-românticos, buscam as ruínas, se estabelecem em

---

*. Em português: "estar em forma", expressão que não pode ser usada no contexto acima sem prejuízo para o sentido do discurso. (N. da T.)

meio delas com delícia e entregam os olhos à voluptuosidade do pranto. Porque os românticos se embriagam de melancolia e bebem com deleite o Porto ou o Madeira de suas lágrimas. Gostam de ter à vista essas paisagens onde se levanta, como em um último esforço, o arco rompido que mostra ao céu o coto de suas aduelas; onde os ervados abraçam e afogam os pobres silhares decaídos; onde se veem torres moribundas, colunas decapitadas, aquedutos desvertebrados. Isto é o que já no século XVII pintaram Poussin e Claude Lorrain. Os românticos descobriram a graça das ruínas. Dizia Emerson que, como cada planta tem seu parasita, cada coisa no mundo tem seu amante e seu poeta. Há, com efeito, o apaixonado pelas ruínas, e é bom que eles existam. E eles também têm razão. Porque o ruinoso, como já disse, é um dos dois modos de ser da realidade. Aquele homem, há anos atrás tão poderoso, com seus milhares e milhares de *contos*, hoje o vemos arruinado. Sendo jovens fomos àquela cidade e descobrimos uma mulher maravilhosa que parecia feita de pura luz e pura vibração, com suas maçãs de pele tesa e brilhante, cheias de reflexos como uma joia cerâmica. Ao cabo de muitos anos voltamos a passar por aquela cidade e perguntamos por aquela mulher, e o amigo nos responde: "Conchita! Se você a visse! É uma ruína!". O que não quer dizer que essa ruína chamada Conchita não continue, talvez, sendo uma delícia, só que uma delícia *outra*. A mulher que já não é jovem é, quiçá, a que possui a alma mais saborosa. Lembro haver escrito em minha primeira juventude – refiro-me, portanto, a remotas cronologias; o parágrafo deve encontrar-se em um de meus primeiros livros – que preferia na mulher essa hora vindimal do outono, quando a uva, precisamente porque passaram por ela todos os sóis do estio, conseguiu fazer com eles sua sublime doçura. E lembro também a impressão que me causou, sendo eu adolescente, ver a famosa atriz Eleonora Duse, uma mulher alta, emaciada, que já não era jovem e nunca foi bela, mas em cujo rosto se achava sempre presente uma alma estremecida – estremecida e delicada –, de modo que em seus olhos e em seus lábios tremulava sempre um gesto de ave ferida com um chumbo na asa, um gesto que só se poderia descrever dizendo que era como cicatriz de cem feridas causadas pelo tempo e pelos pesares. E como aquela mulher era encantadora! Nós, os *rapazes* da época, saíamos do teatro com o coração contraído e sobre ele um como que breve ardor e uma como que fátua chama, que é o fogo de santelmo do amor adolescente.

Todo um lado da realidade, senhores, e mui especialmente todo um lado das coisas humanas consiste em ser ruína. Ao começo de suas geniais *Lições sobre Filosofia da História Universal* nos diz Hegel:

> Quando lançamos o olhar para trás e contemplamos a história do passado humano, a primeira coisa que vemos são apenas "ruínas". A história é mudança e esta mudança tem, à primeira vista, um aspecto negativo que nos produz pena. O que nele nos deprime é ver como a mais rica criação, a vida mais bela encontra na História sempre o seu ocaso. A História é uma viagem entre as ruínas do egrégio. Ela nos arrebata aquelas coisas e seres os mais nobres, os mais belos pelos quais nos havíamos interessado; as paixões e os sofrimentos os destruíram: eram transitórios. Tudo parece ser transitório, nada permanece. Que viajor não sentiu esta melancolia? Quem ante as ruínas de Cartago, de Palmira, de Persépolis, e de

Roma, não meditou sobre a caducidade dos impérios e dos homens, quem não se contristou sobre tal destino do que foi um dia a mais intensa e plenária vida?

Assim diz Hegel, que, como vocês veem, não era nada mau escritor e o era romântico.

Mas a mudança tem outro aspecto, encarada por seu reverso, a ruína: o fato de que algumas coisas acabem é condição para que outras nasçam. Se os edifícios não caíssem em ruínas, se se conservassem imperecedouros não restaria sobre a face do planeta, a estas horas, espaço para nós vivermos, para nós construirmos. Não podemos, pois, contentar-nos em chorar sobre ruínas; estas são necessárias. O homem, que é o grande construtor, é o grande destrutor e seu destino seria impossível se não fosse também um famoso fabricante de ruínas.

Está bem que, de quando em quando, sejamos românticos e que nos dediquemos ao esporte sentimental de chorar sobre as ruínas das coisas. Mas se as ruínas das coisas podem servir-nos de gás lacrimogêneo, não podem servir-nos – e é isto que eu ia – para definir o ser destas coisas. Para isto necessitamos, repito, contemplar seu "ser em forma".

A advertência, senhores, importa muito porque hoje, no Ocidente ao menos, quase nada há que não seja ruína e o que temos à vista nesta hora negativa, nesta hora de cólica de estômago, pode desorientar-nos sobre o que as coisas são. Quase tudo é hoje, no Ocidente, ruínas, mas, bem entendido, *não devido à guerra*. A ruína pre-existia, já estava aí. As últimas guerras se produziram precisamente porque o Ocidente já se achava arruinado, como pudemos diagnosticar com todo detalhe faz um quarto de século[3]. Quase tudo está em ruínas, desde as instituições políticas até o Teatro, passando por todos os demais gêneros literários e todas as demais artes. Está em ruína a pintura – seus escombros são o cubismo –; por isso os quadros de Picasso têm um aspecto de casa em derrubada ou de rincão do Rastro[4]. Está em ruína a música – o Stravínski dos últimos anos é um exemplo de *detritus* musical. Está em ruína a economia – a das nações e a teórica. Enfim, está em ruína, em grave ruína, até a feminilidade. Ah, claro que o está! E em grau superlativo! O que acontece é que o tema a tratar pelo qual me comprometi hoje é outro muito diverso; se não teríamos conversa para uma temporada.

Portanto, quando falarmos agora do Teatro procuraremos manter ao fundo e à vista suas grandes épocas: o século v de Atenas com seus milhares de tragédias e seus milhares de comédias, com Ésquilo, Sófocles e Aristófanes; os fins do século xvi e inícios do xvii com o teatro inglês e o espanhol, com Ben Johnson e Shakespeare, com Lope de Vega e Calderón, e logo, em seu termo, com a tragédia francesa, com Corneille, Racine e a comédia de Marivaux; com o teatro alemão de Goethe e Schiller, com o teatro veneziano de Goldoni e a *Commedia dell'Arte* napolitana; enfim, tenhamos à vista todo o século xix, que foi uma das grandes centúrias teatrais.

3. Ver José Ortega y Gasset, *La rebelión de las masas,* publicado em forma de artigos, Madrid: Alianza Editorial, 1927 e *España Invertebrada,* Madrid: Alianza Editorial, 1921.
4. Mercado de pulgas madrileno, cujo correspondente em Portugal é a Feira da Ladra.

Dissemos que necessitamos manter à vista, como um fundo, tudo isto, porque isso foi o Teatro "em forma", mas, ademais, porque é precisamente do que não vamos falar. Tudo isso são as formas particulares concretas e divergentes do melhor Teatro; *melhor*, não porque nós, por exemplo eu, me sinta comprometido a estimular muito tudo isso; mas, qualquer que seja minha ou nossa apreciação pessoal, tudo isso foi na realidade da História humana a realidade mais eficiente do Teatro. Claro que, sobre esse fundo ilustre e objetivamente exemplar, não devemos esquecer todas as outras formas menos ilustres do Teatro, menos consagradas, de algumas das quais talvez renasça amanhã o Teatro sobre suas presentes ruínas. Mas, repito, falar de tudo isso é o tema dos conferencistas que virão depois e contarão a vocês a História do Teatro.

Uma última advertência preliminar: quando dissemos que devemos ter à vista o Teatro de Ésquilo, de Shakespeare, de Calderón etc., não pensem vocês nem por um momento que com esse título me refiro exclusivamente à obra poética de Ésquilo, Shakespeare, Calderón, e às obras dramáticas que estes poetas compuseram. Não faltava mais nada! Isso seria uma injustiça que, como comumente acontece com a injustiça, serve para que nela se esconda uma estupidez. A tolice, para fazer-se respeitar, inventou a injustiça. Porque ser injusto não é, sequer, ser algo. Não foram aqueles gênios poéticos que sozinhos e por si – ao menos na medida em que foram exclusivamente poetas – puseram ou mantiveram em forma o Teatro. Isso seria uma torpe abstração. Pelo Teatro de Ésquilo, Shakespeare, Calderón entenda-se, ademais e inseparavelmente, junto com suas obras poéticas, os atores que as representaram, o palco em que foram executadas e o público que as presenciou. Não estou disposto a renunciar a nada disso, porque eu vim aqui, chamado pelo Senhor Acúrcio Pereira, para esclarecer a vocês o que é o Teatro e, se materialmente nada mo impede, não vou sair daqui sem havê-lo conseguido. Pois bem, para tal finalidade necessito de todos esses ingredientes.

Teatro!

Não há talvez uma só palavra na língua que não tenha várias significações; quase sempre tem muitas. Entre essas significações múltiplas, os linguistas costumam distinguir uma que chamam de significação ou sentido *forte* da palavra. Este sentido *forte* é sempre o mais preciso, o mais concreto, diríamos o mais tangível. Vamos falar do Teatro. Pois bem, partamos do sentido *forte* desta palavra, segundo o qual o Teatro é, antes de tudo, nem mais nem menos, um edifício – um edifício de estrutura determinada, por exemplo, vosso belíssimo Teatro de São Carlos que o bairro Alto de Lisboa parece levar debaixo do braço. No entanto, a destinação atual desse teatro, onde se dão concertos e são cantadas óperas, descaracteriza a Ideia pura do Teatro. O grego tinha para um edifício desta destinação outro nome: chamava-o *odeion,* odéon, auditório.

Em troca, se eu estivesse agora falando a vocês frente ao cenário do Teatro de Dona Maria, poderia plenamente e sem reservas começar uma resposta à pergunta: que é o Teatro?, apenas levantando o braço e estendendo o indicador – o que equivale a dizer: "Senhores, isto que veem é o Teatro". Mas como não estamos lá, procurei que o desenhista Senhor Segurado me delineasse esse esquema do interior do Teatro de Dona Maria para que

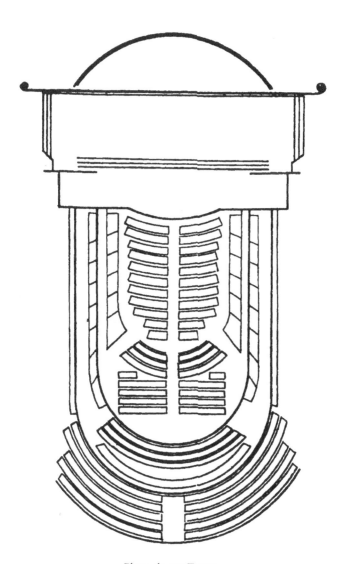

Plano de um Teatro

eu possa dizer-lhes, sem mais reservas, exceto a de que se trata de um esquema: aí têm vocês o que é o Teatro. Por uma coincidência tão feliz como involuntária acontece celebrar-se hoje o centenário deste Teatro de Dona Maria, o mais tradicional e eminente de Lisboa.

Não saltemos desdenhosamente este sentido, o mais humilde da palavra, o mais usado no falar das gentes e o mais efetivo na vida de cada um de nós. Se soltássemos esta primeira significação de Teatro – repito, a mais simples, a mais trivial, a que está mais à mão, a saber: *que o Teatro é um edifício –*, correríamos o risco de saltar toda a restante realidade teatral, a mais sublime, a mais profunda, a mais substantiva.

Partindo, pois, deste esquema arquitetônico do Teatro de Dona Maria, vamos ver se fazemos nosso pensamento marchar em rigoroso itinerário dialético. "Pensar dialeticamente" quer dizer que cada passo mental que damos nos obriga a dar novo passo; não um qualquer, não assim ao capricho do acaso, mas outro passo determinado, porque o que foi visto por nós no primeiro passo da realidade que nos ocupa – e agora é a realidade "Teatro" – nos descobre, queiramos ou não, outro e novo lado ou componente dela que antes não havíamos percebido. É, pois, a coisa mesma, a realidade mesma Teatro que vai guiar nossos passos mentais, que vai ser nosso lazarilho*[5].

---

*. Pouco usado, mas cujo sentido de menino-guia de lázaro não tem outro correspondente em português. (N. da T.)

5. A famosa "dialética" original de Hegel é, em verdade, miserável. Nela o "movimento do conceito" procede mecanicamente de contradição em contradição, isto é, o pensar é movido por um

Aproveitando este tema, que não parece filosófico, quero dar um exemplo do mais rigoroso método dialético – e ao mesmo tempo fenomenológico – aos jovens intelectuais de Lisboa, se por acaso alguns se encontram aqui e não estão todos na Brasileira[6].

O Teatro é um edifício. Um edifício é um espaço demarcado, isto é, separado do resto do espaço que permanece fora. A missão da arquitetura é construir, frente ao "fora" do grande espaço planetário, um "dentro". Ao demarcar o espaço se dá a este uma forma interior e esta forma espacial interior que informa, que organiza os materiais do edifício, numa finalidade. Portanto, na forma interior do edifício descobrimos qual é, em cada caso, a sua finalidade. Por isso a forma interior de uma catedral é diferente da forma interior de uma estação ferroviária e ambas da forma interior de uma morada. Em cada caso os componentes da forma são assim e não de outro modo, porque servem a essa determinada finalidade. São meios *para* isto ou aquilo. Os elementos da forma especial significam, pois, instrumentos, órgãos feitos para funcionar

---

cego formalismo lógico. O "pensar dialético" que emprego como modo intelectual e ao qual o texto se refere é movimentado por uma *dialética real,* em que a coisa mesma é que vai empurrando o pensamento e obrigando-o a coincidir com ela. Em que consiste, como é possível e por que é necessário este novo "método" são matérias que o leitor encontrará expostas em meu livro próximo a ser publicado: *El origen de la Filosofía* e plenamente desenvolvidas em outra obra, *Epílogo* ... que espero que veja a luz em fins deste ano. (Cf. J. O. y Gasset, "Origen y epílogo de la filosofia". *Obras Completas.* Madrid: Alianza Editorial, 2ed. tomo IX, 1993).

6. Café de tertúlias literárias em Lisboa.

em vista daquele fim, e sua função nos interpreta a forma do edifício. Como diziam os antigos biólogos, a função faz o órgão. Deveriam dizer que também o explica. Inversamente, a ideia do edifício, que os construtores, portanto, o Estado ou os particulares, juntos com o arquiteto, tiveram, atua como uma alma sobre os materiais inerentes e amorfos – pedra, cimento, ferro – e faz com que estes se organizem em determinada figura arquitetônica. Na ideia do Teatro – edifício – vocês têm um bom exemplo do que Aristóteles chamava alma ou *entelequia*.

Pois bem, basta contemplar um instante este esquema do Teatro de Dona Maria para que salte à vista, como o mais característico de sua forma interior, que o espaço demarcado, o "dentro" que é um teatro, está, por sua vez, dividido em dois espaços: a sala, onde vai estar o público, e o cenário, onde vão estar os atores. O espaço teatral é, pois, uma dualidade, é um corpo orgânico composto de dois órgãos que funcionam um em relação com o outro: a sala e a cena.

A sala está cheia de assentos: as poltronas e os camarotes. Isto indica que o espaço "sala" está disposto para que alguns seres humanos – os que integram o público – estejam sentados e, portanto, sem fazer mais nada senão ver. Em troca, a cena é um espaço vazio, elevado a um nível mais alto que a sala, a fim de que nela se movam outros seres humanos que não permanecem quietos como o público, mas sim ativos, tão ativos que por isso se chamam atores. Porém, o curioso é que tudo o que os atores fazem em cena o fazem diante do público e quando o público se vai eles também se vão – quer dizer, tudo o que fazem o fazem *para* que o público o veja. Com isso temos um novo componente do Teatro. À primeira dualidade, que a simples forma espacial do edifício nos revelava – sala e cenário –, agrega-se agora outra dualidade que não é espacial, mas humana: na sala está o público; na cena, os atores.

A coisa começa a complicar-se um pouco e saborosamente quando, como acabo de dizer, percebemos que esses homens e mulheres que se movem e falam no palco não são criaturas quaisquer, mas são homens e mulheres que chamamos atores e atrizes; isto é, que se caracterizam por uma atividade especialmente intensa. Ao passo que os homens e mulheres de que o público se compõe, enquanto são público, caracterizam-se por uma especialíssima passividade. Com efeito, em comparação com o que fazemos o resto do dia, quando estamos no teatro e nos convertemos em público não fazemos nada ou pouco mais; deixamos que os atores nos *façam* – por exemplo, que nos *façam* chorar, que nos *façam* rir. Ao que parece, o Teatro consiste numa combinação de hiperativos e hiperpassivos. Somos, como público, hiperpassivos porque a única coisa que fazemos é o mínimo fazer que cabe imaginar: *ver* e, para começar, nada mais. Certamente, no Teatro também ouvimos, mas, segundo vamos em seguida perceber, o que ouvimos no Teatro o ouvimos como que dito *por* aquilo que vemos. O ver é, pois, nosso primário e mínimo fazer no Teatro. Com o que às duas dualidades anteriores – a espacial de sala e cena, a humana de público e atores – temos de acrescentar uma terceira: o público está na sala *para ver* e os atores no palco para *serem vistos*. Com essa terceira dualidade, chegamos a algo puramente funcional: o ver e o ser visto. Agora podemos dar uma segunda definição do Teatro, uma migalha mais completa que a primeira, e dizer: o Teatro é um edifício que tem uma forma interior orgânica constituída por dois órgãos – sala e cenário – dispostos para servir a duas funções opostas, mas conexas: o ver e o fazer ver.

Sempre vocês ouviram dizer, desde a escola, que o Teatro é um gênero literário, um dos três grandes gêneros literários que a preceptiva* costuma distinguir a obra teatral: épica, lírica e drama ou dramaturgia. Se repararem um pouco, se se libertarem por um instante do hábito mental que essa fórmula tão repetida produz em nós e, atendendo à realidade que contemplam diante de vocês quando pensam "Teatro", essa inveterada noção de Teatro como gênero literário, assim, sem mais, não os deixa estupefatos? Porque o literário se compõe só de palavras – é prosa ou verso e nada mais. Mas o Teatro não é apenas prosa ou verso. Prosa e verso há fora do Teatro – no livro, no discurso, na conversação, no recital de poesia – e nada disso é o Teatro. O Teatro não é uma realidade que, como a pura palavra, chega a nós pela pura audição. No Teatro não só ouvimos, como também, *mais ainda* e *antes* que ouvir, *vemos*. Vemos os atores moverem-se, gesticularem, vemos seus disfarces, vemos as decorações que constituem a cena. *Desse fundo de visões,* emergindo dele, nos chega a palavra como que dita com um determinado gesto, com um preciso disfarce e a partir de um lugar pintado que pretende ser um salão do século XVII ou o Foro de Roma ou um beco da Mouraria[7].

---

*. Designa a disciplina e os tratados normativos de poética e retórica. (N. da T.)

7. Ruelas sem saída do bairro mais popular de Lisboa, onde na verdade valeria a pena ouvir cantar um fado a genial e belíssima fadista Amália Rodrigues.

A palavra tem no teatro uma função constituinte, mas muito determinada; quero dizer que é secundária à "representação" ou ao espetáculo. Teatro é por essência presença e potência de *visão* – espetáculo –, e enquanto público, somos antes de tudo espectadores, e a palavra grega θέατρου, teatro, não significa senão isso: *miradouro*, mirador.

Tínhamos, pois, razão quando, ao refletir um instante sobre o inveterado dito segundo o qual o Teatro é um gênero literário, ficávamos *estupefatos*. A *estup*-efação é o efeito que produz o *estup*-efaciente e o *estup*-efaciente mais grave e, por desgraça, o mais habitual é a *estup*idez.

A dramaturgia é apenas secundária e parcialmente um gênero literário e, portanto, mesmo isso que, em verdade, ela tem de literatura não pode ser contemplado de forma isolada daquilo que a obra teatral tem de espetáculo. O Teatro – literatura – podemos lê-lo em nossa casa, à noite, de chinelas, junto à lareira[8]. Pois bem, pode ocorrer que, olhando bem sua realidade, nos pareça, como o mais essencial do Teatro, ser preciso *sair* de casa e *ir a ele*. Se o primeiro sentido *forte* e vulgar, fecundissimamente ingênuo da palavra Teatro, é significar um edifício, o segundo sentido, também forte e vulgar, seria este: Teatro é um local *aonde se vai*. E nos perguntamos com frequência uns aos outros: "Irá esta noite *vossa excelência ao teatro?*". O Teatro é, com efeito, o contrário de nossa casa: é um local *aonde é preciso ir*. E este *ir a* que implica um *sair*

---

8. Ver o anexo III, "Teatro, Gênero Literário". (Ver a "Nota Preliminar".)

de nossa casa é, como vamos em seguida averiguar, a própria raiz dinâmica dessa magnífica realidade humana que chamamos Teatro.

O Teatro, por conseguinte, mais que um gênero literário, é um gênero visionário ou espetacular. Logo descobriremos em que enérgico e superlativo sentido o é. O Teatro não acontece dentro de nós, como sucede com outros gêneros literários – poema, romance, ensaio –, mas sucede fora de nós, temos que *sair de nós* e de nossa casa e *ir vê-lo*. Também o Circo, a corrida de touros são espetáculos, são coisas que se tem de ir ver. Não obstante, vamos aprender muito depressa no que estes dois outros espetáculos se diferenciam do espetáculo teatral. Certamente, o Circo e a *Tourada*, a título de espetáculo, pertencem à mesma e divertida família do Teatro. O Circo e os Touros, digamos, são primos do Teatro: o Circo seria seu primo vesgo, a *Tourada*, seu primo atroz, seu primo torto.

Mas o que é que vemos no palco? Por exemplo, vemos a sala de um castelo – palácio medieval no norte da Europa, que se abre largamente sobre um parque, precisamente o parque de Elsinor; vemos a margem de um rio que desliza em fluxo lento e triste, árvores que sobre suas águas se inclinam com vago pesar – bétulas, álamos e um salgueiro chorão que deixa cair seus ramos. Não é certo, senhores, que o salgueiro é uma árvore que parece estar cansada de ser árvore? Vemos uma moça trêmula que traz flores e ervas nos cabelos, no traje, nas mãos e avança vacilante, pálida, o olhar fixo em um ponto da grande distância, como que olhando sobre o horizonte, onde não há nenhuma estrela; não obstante, há uma estrela, a mais linda estrela, a estrela nenhuma. É Ofélia – Ofélia demente, coitada!, que vai *baixar ao rio*. "Baixar ao rio" é um eufemismo com que na língua chinesa se diz que alguém morre. Isto é, senhores, o que vemos.

Mas não, não vemos isso! Será que por um instante padecemos de uma ilusão de óptica? Porque o que de fato vemos são somente telas ou cartões pintados; o rio não é rio, é pintura; as árvores não são árvores, são manchas de cor. Ofélia não é Ofélia; é... Marianinha Rey Colaço[9].

No que ficamos? Vemos um ou outro? O que é que própria e verdadeiramente achamos aí, no cenário, diante de nós? Não há dúvida: aí diante de nós achamos as duas coisas: Marianinha e Ofélia. Mas não as achamos – isto é o curioso! –, não as achamos como se fossem duas coisas, mas como sendo uma só. "Apresenta"-se-nos Marianinha, que "re-presenta" Ofélia. Quer dizer, as coisas e as pessoas no palco se nos *apresentam* sob o aspecto ou com a virtude de *representar* outras que não são elas.

Isto é formidável, senhores. Este fato trivialíssimo que acontece cotidianamente em todos os teatros do mundo é talvez a mais estranha, a mais extraordinária aventura que acontece ao homem. Não é estranho, não é extraordinário, não é literalmente mágico que o homem e a mulher lisboetas possam estar hoje, em 1946, sentados em suas poltronas e camarotes do Teatro de Dona Maria e ao mesmo tempo estejam seis ou sete séculos atrás, na

---

9. Filha da ilustre primeira atriz do Teatro de Dona Maria, Senhora Amélia Rey Colaço de Robles Monteiro. Marianinha vai estrear na cena poucos dias depois da data em que esta conferência foi pronunciada.

brumosa Dinamarca, junto ao rio do parque que rodeia o palácio do rei, vendo caminhar com seu passo sem peso esta *fiammetta* lívida que é Ofélia? Se isto não é extraordinário e mágico, eu não sei que outra coisa no mundo está mais próximo de sê-lo.

Precisemos um pouco mais: aí está Marianinha cruzando às cegas o palco; mas o surpreendente é que está sem estar – está para desaparecer a cada instante, como se escamoteasse a si mesma, e para conseguir que no vazio de sua primorosa corporeidade se aloje Ofélia. A realidade de uma atriz, enquanto atriz, consiste em negar a sua própria realidade e substituí-la pela personagem que representa. Isto é re-presentar: que a presença do ator sirva não para ele presentar-se* a si mesmo, mas para presentar outro ser distinto dele. Marianinha desaparece como certa Marianinha porque fica coberta, tapada por Ofélia. E do mesmo modo as decorações ficam tapadas, cobertas por um parque e um rio. De sorte que o que *não* é real, o irreal – Ofélia, o parque do palácio –, tem a força, a virtude mágica de fazer desaparecer o que é real.

Se em uma ocasião destas refletirem sobre o que lhes acontece e tentarem descrevê-lo para responder à pergunta anterior sobre o que se nos depara no palco, terão de dizer-se assim: deparamo-nos primeiro e à frente com Ofélia e um parque; atrás, e como em segundo plano, Marianinha e umas telas pinturiladas. Dir-se-ia que a realidade se retirou para o fundo a fim de deixar passar

---

*. Para dar o sentido pleno de ação do ator, nos termos do original, recorri a esta forma pouco usada, mas existente em português, em lugar de "apresenta". (N. da T.)

através de si, como a contraluz de si, o irreal. No palco encontramos, pois, coisas – as decorações – e pessoas – os atores – que têm o dom da transparência. Através delas, como através do cristal, transparecem outras coisas.

Agora podemos generalizar o percebido e dizer: há no mundo realidades que têm a condição de apresentar-nos em lugar delas mesmas outras, distintas. Realidades dessa condição são as que chamamos imagens. Um quadro, por exemplo, é uma "realidade imagem". Não chega a um metro de comprimento e tem ainda menos de altura. Não obstante, nele vemos uma paisagem de vários quilômetros. Não é isto mágico? Aquele pedaço de terra com suas montanhas e seus rios e sua cidade está ali como que enfeitiçado – em apenas um metro deparamos vários quilômetros e em vez de uma tela com manchas de cor encontramos o Tejo e Lisboa e Monsanto. A coisa "quadro" pendurada na parede de nossa casa está constantemente transformando-se no rio Tejo, em Lisboa e em suas alturas. O quadro é imagem porque é permanente metamorfose – e metamorfose é o Teatro, prodigiosa transfiguração.

Quisera que vocês conseguissem maravilhar-se, isto é, surpreender-se com este fato tão trivial que nos sucede todos os dias no Teatro. Platão faz constar que o conhecimento nasce dessa capacidade para nos surpreendermos, maravilharmos, assombrarmos de que as coisas sejam como são, precisamente como são.

O que vemos aí, no palco cênico, são imagens no sentido estrito que acabo de definir: um mundo imaginário; e todo teatro, por humilde que seja, é sempre um monte Tabor onde se cumprem transfigurações.

O cenário do Teatro Dona Maria é sempre o mesmo. Não tem muitos metros de comprimento, de altura, de profundidade. Consiste em algumas tábuas, em algumas paredes quaisquer, matéria trivialíssima. No entanto, lembrem vocês de todas as inumeráveis coisas que esse breve espaço e esse pobre material foram para vocês. Foi mosteiro e cabana de pastor, foi palácio, foi jardim, foi rua de urbe antiga e de cidade moderna, foi salão. O mesmo acontece com o ator. Esse mesmo e único ator foi para nós incontáveis seres humanos: foi rei e foi mendigo, foi Hamlet e foi Don Juan.

O cenário e o ator são a metáfora universal corporificada, e isto é o Teatro: a metáfora visível.

Mas repararam vocês no que é o metafórico? Tomemos como exemplo, para que fique mais claro, a metáfora mais simples, mais antiga e menos seleta, a que consiste em dizer que a face de uma moça é como uma rosa. Geralmente a palavra "ser" significa a realidade. Se digo que a neve *é* branca dou a entender que a realidade neve possui realmente essa cor real que chamamos branco. Mas o que significa *ser* quando digo que a face de uma mocinha *é* uma rosa?

Talvez vocês recordem o delicioso conto de Wells que se intitula *O Homem que Podia Fazer Milagres*. De noite, numa taberna de Londres, dois homens quaisquer, já afetados pelos pesados vapores da cerveja, discutem fastidiosamente sobre se há ou não milagres. Um crê neles, o outro não. E em certo instante o incrédulo exclama: "Isso é como se eu dissesse agora que esta luz se apague e a luz se apagasse!"; e eis que uma vez pronunciadas estas palavras, a luz, efetivamente, se apaga. E desde aquele momento tudo o que aquele homem diz ou simplesmente pensa, mesmo sem querer dizê-lo formalmente, acontece, se realiza. A série de aventuras e conflitos que este poder, tão mágico como involuntário, lhe proporciona constitui a matéria do conto. Por fim, um agente da polícia o persegue tão de perto que o pobre homem pensa: "Por que não se vai ao diabo este polícia!". E, com efeito, o polícia se vai ao diabo.

Mas suponham vocês que algo parecido acontecesse ao humilde apaixonado cuja imaginação se limita a dizer da face da donzela amada que é uma rosa – portanto, que de pronto aquela face se convertesse realmente numa rosa. Que espanto! Não é certo? O infeliz se angustiaria, ele não havia querido dizer isso, era pura brincadeira – o *ser* rosa a face era apenas metafórico; não era um *ser* no sentido de real, mas um *ser* no sentido de irreal. Por isso, a expressão mais usada na metáfora emprega o *como* e diz: a face *é como* uma rosa. O *ser como* não é o ser real, senão um como-ser, um quase-ser: é *a irrealidade como tal*.

Perfeitamente; mas, então, o que é que sucede quando sucede uma metáfora? Pois sucede isto: há a face real e há a rosa real. Ao metaforizar ou metamorfosear ou transformar a face em rosa é preciso que a face deixe de ser realmente face e que a rosa deixe de ser realmente rosa. As duas realidades, ao serem identificadas na metáfora, chocam-se uma com a outra, se anulam reciprocamente, se neutralizam, se desmaterializam. A metáfora vem a ser a bomba atômica mental. Os resultados da aniquilação dessas duas realidades são precisamente essa nova e maravilhosa coisa que é a irrealidade. Fazendo chocarem-se e anularem-se realidades obtemos prodigiosamente figuras que não existem em nenhum mundo. Por exemplo, para compensar a miséria da velha metáfora que me serviu de exemplo recordarei esta outra belíssima de um recente poeta catalão. Falando de um cipreste direi que "o cipreste é como o espectro de uma chama morta"[10].

O *ser como* é a expressão da irrealidade. Mas a linguagem tardou muito a conseguir encontrar essa fórmula. Max Müller fez notar que nos poemas religiosos da Índia, nos Vedas, que são, em parte, os textos literários mais antigos da Humanidade, a metáfora não se expressa ainda dizendo que *uma coisa é como outra*, mas precisamente por meio da negação; o que demonstra a razão que tinha quando disse ser preciso que duas realidades mutuamente se neguem, se destruam, para que nasça e se produza a irrealidade. Com efeito, Max Müller adverte que quando o poeta védico quer dizer que um homem é forte *como* um leão diz: *fortis non leo,* é forte, mas *não* é um leão; ou então para expressar que um caráter é duro como uma rocha, dirá: *durus non rupes,* é duro, mas *não* é uma rocha; é bom como um pai, diz-se: *bonus non pater,* é bom, mas, bem entendido, *não* é um pai.

Pois bem, o mesmo acontece no teatro, que é o "como se" e a metáfora corporificada – portanto, uma realidade ambivalente que consiste em duas realidades – a do ator e a da personagem do drama que mutuamente se negam. É preciso que o ator deixe, durante um momento, de ser o homem real que conhecemos e é preciso também

---

10. Ver do autor *Ensayo de Estética, a manera de prólogo,* Cap. v "La Metáfora", *Obras Completas,* tomo IV.

que Hamlet não seja efetivamente o homem real que foi. É mister que nem um nem outro sejam reais e que incessantemente se estejam desrealizando, neutralizando para que só fique o *irreal* como tal, o imaginário, a pura fantasmagoria.

Mas esta duplicidade – o ser, ao mesmo tempo, realidade e irrealidade – é um elemento instável e sempre corremos o risco de ficar com uma só das duas coisas. O mau ator nos faz sofrer porque não consegue convencer-nos de que é Hamlet, mas continuamos sempre vendo o infeliz Perez ou Martínez que lhe acontece ser. Inversamente, a gente ingênua, popular, não consegue entrar nesse mundo "informal", metafórico e irreal. Todos nós nos recordamos quando nossa velha e ingênua criada, de origem camponesa, foi uma vez ao teatro e ao contar-nos suas impressões averiguamos que tomara os acontecimentos da cena como se fossem reais e que ela havia pretendido prevenir o ator de que, se permanecesse ali, os inimigos iriam matá-lo.

A fantasmagoria solidifica-se, precipita em alucinações por pouco instável que seja a alma do espectador.

Do mesmo modo que, para ver um objeto a certa distância, os músculos da vista têm que dar ao globo ocular o que se chama "acomodação"; nossa mente tem de saber acomodar-se para que consigamos *ver* esse mundo imaginário do Teatro que é um mundo virtual – que é irrealidade e fantasmagoria. Há quem por excessiva carência de educação, como nossa velha criada, se mostre incapaz disso: mas há também muitas outras causas que podem produzir uma cegueira peculiar para com o fantasmagórico.

Recordemos um caso ilustre. É cerca de 1600; Espanha e Portugal convivem reunidos sob o cetro de nosso senhor Filipe III. Esta reunião não significava que Portugal estivesse sob o domínio da Espanha nem a Espanha sob o domínio de Portugal, mas que ambos os povos estavam em união mística e simbolicamente juntos na pessoa de Filipe III e na varinha mágica que era o seu cetro. A união transitória e fugacíssima de Espanha e Portugal teve não pouco de metáfora, como não falta tampouco metáfora no atual *bloco*.

Estamos em uma aldeia castelhana, lá pela terra da Mancha, e encontramo-nos na ampla cozinha da estalagem. Ali se congregou quase toda a povoação porque acaba de chegar o titereiro Mestre Pedro, que vai dar uma representação com seu teatrinho de fantoches. Em um tenebroso rincão do vasto recinto se entrevê, inverossímil, a figura de D. Quixote, esgrouvinhada, esquálida, desalinhada e, em seus olhos, uma febre perpétua de heroísmo inoportuno.

As figuras do teatrinho representam como o cavaleiro francês Dom Gaifeiros, primo de Roldão, vassalo de Carlos Magno, liberta a esposa Melisendra, prisioneira dos mouros em Saragoça há anos. Já conseguiu sua fuga, já a leva escarrapachada na garupa de seu bom cavalo, já galopam felizes para a doce França. Mas os mouros o percebem e em grande tropel saem em sua perseguição. E se aproximam, e se aproximam tanto que parece impossível que se salvem! Então, Cervantes nos diz:

Vendo e ouvindo, pois, tanta mourisma e tanto estrondo, pareceu a D. Quixote que seria azado prestar ajuda aos que fugiam e pondo-se de pé, disse em voz alta: "– Não posso permitir que em meus dias e em minha presença se faça aleivosia a tão famoso cavaleiro e a tão atrevido enamorado como D. Gaifeiros; detende-vos mal nascida canalha, não o sigais nem persigais; se não, comigo em batalha estais". E assim dizendo e fazendo, desembainhou a espada e de um pulo se colocou junto ao teatrinho e com acelerada e nunca vista fúria começou a lançar uma chuva de cutiladas sobre a titereira mourisma, derrubando uns, degolando outros, estropiando a este, destroçando àquele, e entre outras muitas outras, descarregou uma tal espadeirada altibaixa que, se Mestre Pedro não se abaixa, se encolhe e acaçapa, cortava-lhe a cabeça cerce com mais facilidade que se fosse feita de massa de maçapão.

Passado o momento de frenesi, Mestre Pedro faz ver ao bom D. Quixote o dano que sua intempestiva heroicidade lhe causara e lhe mostra espalhados pelo chão os pedaços e fragmentos que restam dos bonecos, vítimas da alucinação de sua espada. E então D. Quixote diz com esse nobre sossego e habitual solenidade que sempre empregaram em seu falar os homens impelidos pelo Destino:

Agora acabo de crer o que muitas outras vezes acreditei: que estes nigromantes que me perseguem nada mais fazem senão me colocar as figuras como elas são diante dos olhos, e logo as mudam e trocam pelas que eles querem Real e verdadeiramente vos digo, senhores que me ouvis, que a mim pareceu que tudo que aqui se passou de fato se passava ao pé da letra: que Melisendra era Melisendra; D. Gaifeiros, D. Gaifeiros; Marsílio, Marsílio e Carlos Magno, Carlos Magno; por isso me subiu a cólera e para cumprir com minha obrigação de cavaleiro andante, quis dar ajuda e favor, e com este bom propósito fiz o que vistes; se tudo me saiu às avessas não é culpa minha, mas dos malvados que me perseguem; e com tudo isto deste meu erro, embora não tenha procedido com malícia, quero eu mesmo condenar-me nas custas: veja Mestre Pedro quanto quer pelos bonecos estragados, que me proponho a pagar-lhe logo em boa e corrente moeda castelhana.

Aqui vemos, senhores, funcionando a primeira dualidade de que partimos – sala e palco cênico, separados pela boca do cenário, que é fronteira de dois mundos – o da sala onde conservamos, ao fim de tudo, a realidade que somos, e o mundo imaginário, fantasmagórico da cena. Este ambiente imaginário, mágico do cenário onde se cria a *irrealidade*, é uma atmosfera mais tênue que a da sala. Há diferentes densidade e pressão de realidade em um e outro espaço e, como acontece na atmosfera efetiva que respiramos, essa diferença de pressão produz uma corrente de ar que vai do lugar de maior para o de menor pressão. A boca do palco aspira a realidade do público, e a suga para sua irrealidade. Às vezes esta corrente de ar é um vendaval.

Na pobre cozinha da estalagem castelhana soprou aquela noite o vendaval da fantasmagoria, e o mundo imaginário do teatrinho do Mestre Pedro, com seu poder de sucção, absorveu a alma imponderável, instável de D. Quixote, *fê-la passar da sala ao cenário*. Isto quer dizer que D. Quixote deixou de ser espectador, público, e se transformou ele mesmo em personagem da obra teatral, com o que, ao *tomá-la como realidade,* destruiu sua fantasmagoria. Pois notem vocês que, a seu juízo, a realidade ali, no cenário, era que os mouros seguiam, com efeito, o autêntico D. Gaifeiros e a autêntica Melisendra, e foram os nigromantes quem converteram esses seres reais em ridículos bonecos. E lá vai ele atrás da mágica cauda branca do cavalinho de papelão onde galopa Melisendra – Melisendra é sonho; lá vai a alma incandescente de D. Quixote e atrás de sua alma vai seu corpo, e com seu corpo seu braço, e com seu braço o heroísmo absurdo, mas autêntico e talhante, de sua espada[11].

Janet e outros psicopatologistas franceses pouco perspicazes, como, salvas algumas exceções – Bergson, por exemplo – o foram os pensadores franceses da segunda metade do século XIX, e cuja influência pesou penosamente sobre o infortúnio intelectual de nossos países, diziam desta loucura que consistia na perda do sentido do real. O que me parece uma perfeita tolice. É bem claro que a verdade é o inverso: essas carências ou anomalias mentais revelam uma perda do sentido do irreal. É como se brincadeira não fosse tomada como brincadeira, mas a sério, e todos nós conhecemos pessoas incapazes dessa agilidade mínima, as quais não conseguem nunca perceber a brincadeira como brincadeira.

Agora aparece a diferença substantiva entre Circo e Corrida de touros, de um lado, e Teatro, de outro. O Circo e a Tourada não são fantasmagorias, mas realidades. No Circo só há um elemento teatral, só há um ator: que é, a um tempo, um acrobata, o divino *clown,* o prodigioso palhaço. E é de interesse recordar de soslaio, ainda que

---

11. Cf. J. O. y Gasset, "Meditaciones del Quijote" (1914). *Obras Completas,* Madrid: Revista de Occidente, 1963, v. 1. Meditação Primeira. Cap. 9: "O Teatrinho de Mestre Pedro". (Publicado na coleção Selecta da Revista de Occidente, com "Comentários" de Julián Marías.)

eu não queira sequer roçar a História do Teatro, que a palhaçada, em combinação com um rito religioso (por essas e por outras razões eu o chamei de "palhaço divino"), foi em todos os povos a origem do Teatro. Quanto à Corrida de touros, é bem claro que nela achamos o único espetáculo que é propriamente espetáculo e, não obstante, o que nele se vê é realidade, propriamente realidade. Nada simboliza melhor este caráter da tauromaquia como a tão conhecida anedota que aconteceu por volta de 1850 entre o mais famoso toureiro da época, Curro Cúchares, e o mais famoso ator que houve na Espanha, o romântico ator trágico Isidoro Máiquez. Estava Cúchares passando pelo pior momento com um touro de difícil morte, e o ator, por trás da barreira, insultava, doestava duramente o toureiro. Até que em um certo momento, achando-se Cúchares diante do touro e não longe da barreira onde o ator o doestava, gritou-lhe: "*Zeñó Miquez* o *zeñó* Máiquez, que aquí no *ze* muere de *mentirijilla como er* teatro!"*.

Vejam vocês de que maneira, usando como ponto de partida uma simples inspeção da estrutura espacial interna do Teatro de Dona Maria, onde percebemos, portanto, a existência de dois espaços, de dois lóbulos ou âmbitos em função um do outro – a sala e a cena –, pudemos tornar manifesto o caráter essencial de fantasmagoria, de criação de irrealidade que é o Teatro. À dualidade de espaços correspondia a dualidade de pessoas – atores e público –, e esta, por sua vez, adquiria seu pleno sentido na terceira

---

*. Giro coloquial, intraduzível, cujo sentido é: "Siô Miquez ou siô Máiquez, aqui não se morre de mentirinha como no teatro!" (N. da T.)

dualidade funcional: os espectadores *veem* e os atores *se fazem ver*; estes são hiperativos e aqueles hiperpassivos.

Agora vemos claramente no que consiste a hiperatividade do ator e a hiperpassividade do público.

Os atores podem mover-se e dizer nas formas mais variadas – trágicas, cômicas, intermediárias –, mas sempre com a condição imprescindível, permanente e essencial de que nada do que fazem e dizem seja "a sério" isso que fazem e dizem; portanto, que seu fazer e dizer é irreal e, em consequência, é ficção, é "brincadeira", é farsa. Conta Kierkegaard que em um circo se produziu um incêndio. O palhaço foi encarregado de avisar o fato ao público, mas este acreditou que se tratava de uma palhaçada e morreu queimado.

A atividade do ator fica, pois, bem determinada: é fazer farsa; por isso o idioma o chama farsante. Mas correlativamente, nossa passividade de público consiste em recebermos dentro de nós essa farsa como tal, ou talvez dizendo mais adequadamente, em *sairmos* de nossa vida real e habitual para esse mundo que é farsa. Por isso afirmei há pouco que é essencial ao Teatro fazer-nos *sair de casa e ir a ele* – quer dizer, ir ao irreal. Não existe, na língua, vocábulo para expressar esta peculiar realidade que somos, quando somos público, espectadores do Teatro. Não importa; inventemo-la e digamos: no teatro os atores são farsantes, e nós, o público, somos farseados, nos deixamos farsear.

Com isto veio a concentrar-se, a condensar-se na imensa realidade humana, riquíssima, multiforme, que é a história inteira do Teatro num só ponto, como se este fora sua víscera e raiz: a farsa. Antes de nomeá-la apren-

49

demos o que significava: é aquilo que antes qualifiquei como talvez a mais estranha, a mais extraordinária aventura, a mais autenticamente mágica que possa acontecer ao homem. Com efeito, na farsa o homem participa de um mundo irreal, fantasmagórico, ele o vê, o ouve, vive nele, mas, bem entendido, como tal irrealidade, como tal fantasmagoria.

Pois bem, é um fato que a farsa existe desde que existe o homem. Ao que chamamos propriamente teatro precederam, em longos e profundos milênios da primitiva Humanidade, outras formas da farsa que podemos considerar como o pré-teatro ou a pré-história do Teatro. Não podemos nos pôr agora a descrevê-las[12]. Se aludi a elas é simplesmente para poder sacar esta consequência: sendo a farsa um dos fatos mais permanentes da História, isto quer dizer que a farsa é uma dimensão constitutiva, essencial da vida humana, que é, nem mais nem menos, um lado imprescindível de nossa existência. Portanto, que a vida humana não é, nem pode ser "exclusivamente" seriedade, que a vida humana é e tem que ser, por vezes, em certos momentos, "brincadeira", farsa; que *por isso* o Teatro existe e que o fato de haver Teatro não é pura casualidade e eventual acidente. A farsa, víscera do Teatro, vem a ser, vamos em seguida descobri-lo, uma das vísceras de que vive nossa vida, e nisso que é como que dimensão radical de nossa vida consiste a realidade e a substância última do Teatro, seu ser e sua verdade.

O tempo, que acaba sempre por ser campeão em todas as corridas a pé, venceu-me neste *cross-country*

---

12. Ver o anexo I, "Máscaras".

e não me deixou, desgraçadamente, desenvolver com o devido decoro esta parte da Ideia do Teatro, que é precisamente a decisiva.

Não é enigmático, não é por isso mesmo atraente, apaixonante, este estranhíssimo fato de que a farsa resulte ser consubstancial à vida humana, portanto, que, além de suas outras necessidades ineludíveis, necessite o homem ser farseado e para isso ser farsante? Porque, não há dúvida, esta é a causa de que o Teatro exista.

Todo o resto de nossa vida é o que há de mais contrário à farsa que se possa imaginar – é, constante, esmagadora "seriedade".

Somos vida, nossa vida, cada qual a sua[13]. Mas isso que somos – a vida – não fomos nós quem no-la demos, mas já nos encontramos submersos nela justamente quando nos encontramos conosco mesmos. Viver é achar-se de repente tendo que ser, que existir em um orbe imprevisto que é o mundo, onde mundo significa sempre "este mundo de agora". Em "este mundo de agora" podemos

---

13. Repito aqui com umas ou outras variantes as fórmulas que tantas vezes empreguei para definir, isto é, para *fazer ver* o fenômeno radical em que a vida humana consiste. Estas expressões não são ocorrências verbais; são termos técnicos com seu ar de empregar os giros mais vulgares, habituais da linguagem coloquial. Que isto seja assim, que seja preciso recorrer ao falar cotidiano e não exista na história inteira da filosofia uma terminologia adequada para falar *formalmente* do fenômeno vital não é tampouco casualidade, embora seja uma vergonha para o passado filosófico. Mas o que seria frívolo é querer variar em cada exposição desta doutrina fundamental as expressões como se se tratasse meramente de emitir figuras retóricas.

com certa dose de liberdade ir e vir, mas não nos é dado escolher previamente o mundo em que vamos viver. Este nos é imposto com sua figura e componentes determinados e inexoráveis, e em vista de como ele é precisamos arranjar-nos para ser, para existir, para viver. Por isso chamei eu em meu primeiro livro (em 1914) a este mundo a *circunstância*. Vida é ter que ser, queiramos ou não, em vista de algumas circunstâncias determinadas. Esta vida, como disse, nos foi dada, posto que não no-la demos nós mesmos, mas que nos encontramos dentro dela e com ela – assim, de súbito, sem saber como nem por que nem para que. Ela nos foi dada, porém não nos foi dada já feita, senão que temos de fazê-la, no-la fazer nós mesmos, cada qual a sua. Instante após instante nos vemos obrigados a fazer algo para subsistir. A vida é algo *que não está aí* sem mais, como uma coisa, mas é sempre algo que é preciso fazer, uma tarefa, um gerundivo, um *faciendum*. E todavia, se nos fosse dado já resolvido o que temos de fazer em cada instante, a tarefa que é viver seria menos penosa. Mas não há tal coisa; em cada instante se abrem diante de nós diversas possibilidades de ação e não temos outro remédio senão escolher uma, senão decidir neste instante o que vamos fazer no instante seguinte sob nossa exclusiva e intransferível responsabilidade. Ao sair daqui dentro de alguns minutos, à porta de *O Século*, cada um de vocês, queira ou não, terá que decidir por si e perante si a direção em que dará na rua o primeiro passo. Mas como diz o vetustíssimo livro indiano, "onde quer que o homem ponha o pé, pisa sempre cem sendas". Todo ponto do espaço e todo instante de tempo é para o homem encruzilhada, é não saber bem o que fazer. Por isso mesmo, é ter que decidir-se e, para tanto, escolher. Mas porque a vida é perplexidade e é ter que escolher nosso fazer, isso nos obriga a compreender, isto é, a tomar de fato a nosso cargo a circunstância. Daí nascem os saberes todos – a ciência, a filosofia, a "experiência de vida", o saber vital que costumamos chamar prudência e *sagesse*. Estamos consignados a esta circunstância, somos prisioneiros dela. A vida é prisão na realidade circunstancial. O homem pode privar-se da vida, mas se vive – repito – não pode escolher o mundo em que vive. Este é sempre o do aqui e agora. Para sustentar-nos nele temos que estar fazendo sempre algo. Daí provêm os inumeráveis fazeres do homem. Porque a vida, senhores, dá muito que fazer. E assim o homem faz sua comida, faz seu ofício, faz casas, faz visitas de médico, faz negócios, faz ciência, faz paciência, isto é, espera, que é "fazer tempo"; faz política, faz obras de caridade, faz...que faz e se faz...ilusões. A vida é um onímodo fazer. E todo ele em luta com as circunstâncias e porque está prisioneiro em um mundo que não pôde escolher. Este caráter que tudo quanto nos rodeia tem, o de ser-nos imposto, queiramos ou não, é o que chamamos "realidade". Estamos condenados à prisão perpétua na realidade ou mundo. Por isso é a vida tão séria, tão grave, quer dizer, tem peso, nos pesa a responsabilidade inalienável que, de nosso ser, de nosso fazer, temos constantemente.

Por isso quando alguém perguntou a Baudelaire onde preferia viver, com um gesto de dandismo displicente, que era, como é sabido, sua religião, respondeu: "Em qualquer parte, em qualquer parte, contanto que seja fora do mundo!".

Com isso dava Baudelaire a entender o impossível. O Destino tem o homem irremediavelmente encadeado à realidade e luta sem trégua com ela. A evasão é impossível. O fato de cada um ter que fazer sua própria vida e decidir em cada instante com sua exclusiva responsabilidade o que vai fazer é como se tivesse de sustentá-la a pulso. Por isso a vida está cheia de pesares. A uma criatura assim, o Homem, cuja condição é tarefa, esforço, seriedade, responsabilidade, fadiga e pesar, é inescusavelmente necessário algum descanso. Descanso de quê? Ah, está claro! De que há de ser? De viver ou, o que é igual, de "estar na realidade", náufrago nela.

Isto é o que ironicamente Baudelaire queria dizer: que o homem necessita de quando em quando evadir-se do mundo da realidade, que necessita escapar. Dissemos que isto é impossível em um sentido absoluto. Porém não será, em algum sentido menos absoluto, possível? Mas para ir-se em vida deste mundo seria mister que houvesse outro[14]. E se esse outro mundo é outra realidade, por muito outra que seja, será *realidade,* contorno imposto, circunstância premente. Para que haja outro mundo ao qual valesse a pena ir-se seria preciso, antes de tudo, que esse outro mundo não fosse real, que fosse um mundo *irreal.* Então estar nele, *ser* nele, equivaleria para a pessoa a converter-se ela mesma em irrealidade. Isso sim seria efetivamente suspender a vida, deixar por um momento de viver,

---

14. O outro mundo da religião não vem ao caso, porque para ir-se a ele é preciso antes de tudo morrer e aqui se trata de transmigrar em vida.

descansar do peso da existência, sentir-se aéreo, etéreo, sem gravidade, invulnerável, irresponsável, in-existente.

Por isso, senhores, a vida – o Homem – se esforçou sempre em acrescentar a todos os fazeres impostos pela realidade o mais estranho e surpreendente fazer, um fazer, uma ocupação que consiste precisamente em deixar de fazer tudo o mais que fazemos seriamente. Este fazer, esta ocupação que nos liberta das demais é… jogar. Enquanto jogamos não fazemos nada – entende-se, não fazemos nada a *sério*. O jogo é a mais pura invenção do homem; todas as demais vêm, mais ou menos, impostas e pré-formadas pela realidade. Porém as regras de um jogo – e não há jogo sem regras – criam um mundo que não existe. E as regras são pura invenção humana. Deus fez o mundo, este mundo; bem, mas o homem fez o xadrez – o xadrez e todos os demais jogos. O homem fez, faz… o *outro mundo*, o verdadeiramente outro, o que não existe, o mundo que é brincadeira e farsa.

O jogo, pois, é a arte ou técnica que o homem possui para suspender virtualmente sua escravidão dentro da realidade, para evadir-se, escapar, *trazer-se* a si mesmo deste mundo em que vive para outro irreal. Este *trazer-se da vida* real para uma vida irreal imaginária, fantasmagórica é *dis-trair-se**. O jogo é distração. O homem necessita descansar de seu viver e para isso pôr-se em contato, voltar-se para ou *verter-se* em uma ultravida. Esta volta ou *versão* de nosso ser para o ultravital ou irreal é a *diversão*. A distração, a diversão, é algo consubstancial à vida huma-

---

*. Jogo de palavras intraduzível, com *traerse* e *dis-traerse* cuja raiz latina comum é *trahere*. (N. da T.)

na, não é um acidente, não é algo de que se possa prescindir. E não é frívolo, senhores, aquele que se diverte, senão aquele que crê que não há que divertir-se. O que, com efeito, não tem sentido é querer fazer da vida toda puro divertimento e distração, porque então não temos de que nos divertir, de que nos distrair. Notem vocês que a ideia de diversão supõe dois termos: um *terminus a quo* e um *terminus ad quem* – aquilo *de que* nos divertimos e aquilo *com que* nos divertimos[15].

Eis porque a diversão é uma das grandes dimensões da cultura. E não pode surpreender-nos que o maior criador e disciplinador de cultura que jamais existiu, Platão ateniense, até o fim de seus dias se tenha entretido fazendo jogos de palavras com o vocábulo grego que significa cultura παιδεία *(paideía)* e aquele que significa jogo, brincadeira, farsa παιδιά *(paidiá)* e nos tenha dito, em irônico exagero, nem mais nem menos, que a vida humana é jogo e, literalmente, haja acrescentado "que isso que ela tem de jogo é o melhor que tem"[16]. Não é de estranhar que os romanos vissem no jogo um deus a quem chamaram sem mais "Jogo", *Lusus*, a quem fizeram filho de Baco e que consideravam – vejam vocês que casualidade! – fundador da raça lusitana.

O jogo, arte ou técnica da diversão, ao ser todo um lado da cultura humana, criou inumeráveis formas de distrair-se e essas formas estão hierarquizadas das menos às mais perfeitas. A forma menos perfeita é o jogo de ba-

---

15. Ver prólogo a "Veinte anos de caza mayor". *La caza y los toros*, Madrid: Revista de Occidente, 1960.
16. *Leis* [803, 4].

ralho; o *bridge,* por exemplo, onde durante horas e horas as mulheres de nosso tempo anulam sua feminilidade – diga-se para desonra de nós, homens. A forma mais perfeita da evasão ao outro mundo são as belas-artes, e se digo que são a forma mais perfeita de jogo evasivo não é por nenhuma homenagem convencional, não é porque eu sinta o que faz muitos anos chamei de "beatice cultural" nem esteja disposto a pôr-me de joelhos diante das belas-artes por mais artes que sejam ou por mais belas que pareçam, mas porque conseguem, com efeito, libertar-nos *desta* vida mais eficazmente que nenhuma outra coisa. Enquanto estamos lendo um admirável romance podem continuar funcionando os mecanismos de nosso corpo, porém isso que chamamos "nossa vida" fica literal e radicalmente suspenso. Sentimo-nos dis-traídos de nosso mundo e transplantados ao mundo imaginário do romance.

Pois bem, o que constitui o cimo desses métodos de evasão que são as belas-artes, aquilo que mais completamente permitiu ao Homem escapar de seu penoso destino, foi o Teatro em suas épocas de "ser em forma" – quando, por coincidir com sua sensibilidade, ator, cena e poeta conseguiam ser plenamente arrebatados pela grande fantasmagoria do cenário. Em nosso tempo isto não acontece; nem a cena, nem o ator, nem o autor se acham à altura de nossos nervos, e a mágica metamorfose, a prodigiosa transfiguração não costumam produzir-se[17]. Nosso Teatro atual não está *à la page* de nossa sensibilidade e é a ruína do Teatro. Mas nessas épocas a que

---

17. Ver o Anexo IV, "Sobre o Futuro do Teatro". (Ver a "Nota Preliminar".)

no princípio me referi, gerações e gerações de homens lograram durante muitas horas de sua vida, mercê ao divino *escapismo* que é a farsa, a suprema aspiração do ser humano: lograram ser felizes.

Eis aqui, senhores, como este simples esquema que representa o espaço interior do Teatro de Dona Maria nos levou pela mão para descobrir em atroz abreviatura, mas com plena radicalidade, a Ideia do Teatro; nos permitiu definir essa estranhíssima realidade que existe no Universo e que é a farsa, ou seja, a realização da irrealidade; nos pôs na pista para averiguarmos por que o homem necessita ser farseado e, por isso, necessita ser farsante. O homem ator se transfigura em Hamlet, o homem espectador se metamorfoseia em convivente com Hamlet, assiste à vida deste – ele também, pois, o público é um farsante, *sai* de seu ser habitual para um ser excepcional e imaginário e participa em um mundo que não existe, em um Ultramundo; e nesse sentido *não só a cena,* mas também a sala e o Teatro inteiro resultam ser fantasmagoria, Ultravida.

Senhores: em fins do século passado havia na Universidade de Madri um pobre professor de química de quem os estudantes costumavam fazer troça. No alto da mesa de sua cátedra preparava experimentos e com ingênua solenidade anunciava, por exemplo, que ao verter sobre um líquido certo reagente produzir-se-ia um precipitado azul. Isto acontecia e então os alunos, com a crueldade inseparável da adolescência, prorrompiam em estrondosos aplausos, como se o professor fosse um toureiro que acabava de matar o touro. Porém o professor, humildemente, inclinando-se ante os aplausos, dizia aos estudantes: "A mim, não; a mim, não; ao reagente, ao reagente!".

Similarmente, se a benevolência habitual dos senhores os convida agora a aplaudir, eu lhes rogo que aplaudam ao esquema, ao esquema!, que é quem propriamente projetou sobre vocês esta conferência demasiado longa.

Anexo I

Máscaras

Intentemos tomar contato com essa pré-história do Teatro. Ela nos tornará manifesto em que extrema medida está radicada no homem a necessidade de sua maravilhosa fantasmagoria. Mas temos que buscar esse contato partindo da origem mesma do Teatro. Situados nessa linha poderemos olhar primeiro para trás, para o pré-teatro e de ricochete sobre esse passado profundíssimo, nosso olhar se largará para o futuro, dirigirá uma instantânea olhadela sobre o porvir do Teatro[1].

Sucede que, como acontece com tantas outras coisas, o mais antigo Teatro, propriamente dito, é o teatro grego.

Este teatro grego e, note-se bem, todos os teatros que a história nos dá a conhecer se originaram numa cerimônia ou rito religiosos. Mas a religião grega, nisto semelhante a todas as demais religiões antigas e mais ou

---

1. No Anexo IV. (Ver a "Nota Preliminar".)

menos primitivas, tem um caráter radicalmente distinto, mais ainda, oposto à linha de inspiração frente ao divino que parte de Zoroastro, atravessa o mosaísmo e culmina no islamismo e no cristianismo[2]. A religião grega é, em um sentido *formal*, religião "popular". Ela o é, primeiro, porque se origina na impessoalidade coletiva dos diferentes "povos" ou "nações" helênicos; segundo, porque seu conteúdo tem um caráter difuso, atmosférico, diríamos, respiratório. Não é como as outras religiões masdeu-mosaico-cristãs, uma forma de vida arestada e definida à parte do resto da vida, nem tolera as precisões e rigorosas cristalizações de uma dogmática teológica estabelecida por grupos particulares de sacerdotes. Não é, pois, teologia, porém mera e espontânea religião que os homens exercitam tal como contraem e dilatam a caixa torácica na operação de respirar. Penetra toda a vida deles, que não precisa deixar de ser isso que é quando não é *especialmente* "vida religiosa", para sê-lo não obstante; terceiro, porque é declarada e constitutivamente religião de um "povo" como tal e, portanto, função do Estado. Os deuses são primariamente deuses do Estado e da coletividade e só através destes são deuses para o indivíduo. Daí que na Grécia um movimento místico só adquire caráter propriamente religioso quando o Estado o converte em instituição. Assim aconteceu com o misticismo dionisíaco, com o orfismo e demais mistérios; quarto, consistindo a religião substancialmente em "culto público",

---

2. Uma terceira linha de inspiração religiosa, que se poderia mais apropriadamente denominar para-religiosa, é a que alcança sua forma mais perfeita no budismo.

era-lhe conatural ser "festa", "festival". Este traço não lhe é peculiar; é comum a todas as religiões antigas e mais ou menos primitivas. Nelas o ato religioso fundamental não é a prece individual, privada e íntima – a "oração" – mas a grande cerimônia coletiva de tom festival em que participam todos os membros da coletividade, uns como executantes do rito – dança, canto e procissão –, os demais como assistentes e "espectadores". A esse ato de comunicar-se o homem com deus, *mediante* a assistência a um cerimonial coletivo religioso, chamaram os gregos *theoria* – contemplação. A *theoria* é, pois, o símile grego da oração cristã.

A religião grega, portanto, é religião *do* "povo", *para* o povo e *pelo* povo. Daí consistir ela em *culto* e em culto *público* mais substantivamente que as religiões da outra linha.

O teatro grego nasce das danças e cantos corais que se executam no culto a Dionísio, o deus da natureza elementar ou se se quer do elementar na natureza e especialmente do vinho.

Conforme passou o tempo e foi assumindo uma forma regular dramática, o campo de seus temas foi se estendendo além dos limites da mitologia báquica ou dionisíaca. Com isso seu sentido religioso foi minguando gradualmente e pouco a pouco foi sendo composto desde um ponto de vista cada vez mais puramente humano. Mas apesar de todas estas mudanças, sua conexão externa com o culto de Baco-Dionísio conservou-se intacta durante toda sua história. Desde o começo até seu desaparecimento, as representações dramáticas permaneceram adstritas às grandes festas dionisíacas... Não foram, pois, nunca uma diversão comum da vida cotidiana. Durante a maior parte do ano tinham os atenienses de contentar-se com outras formas de entretenimento. Unicamente quando voltavam as festas anuais de Dionísio podiam satisfazer sua paixão pela cena. Em tal ocasião, sua veemência e entusiasmo cresciam proporcionalmente. A cidade inteira tomava férias e se entregava ao prazer e ao culto do deus-vivo. Abandonavam-se os negócios, fechavam-se os tribunais, a prisão por dívidas era proibida durante os festivais, até se libertavam dos cárceres os presos, a fim de permitir-lhes participar na festividade comum... Vários dias sucessivos eram dedicados ao drama. Tragédias e comédias seguiam-se uma atrás da outra sem interrupção desde a manhã até a noite. Em meio destes deleites, o aspecto religioso da execução, como cerimônia em honra de Dionísio, estabelecida em obediência à ordem direta do oráculo, não era nunca esquecida. Os espectadores chegavam com grinaldas em torno da cabeça, como para uma assembleia religiosa. A estátua de Dionísio era levada ao teatro e colocada em frente ao cenário de modo que o deus pudesse desfrutar do espetáculo juntamente com seus devotos. Os principais assentos do teatro eram ocupados quase sempre por sacerdotes e o assento central entre todos estava reservado ao sacerdote de Dionísio. A execução das peças era precedida do sacrifício de uma vítima ao deus do festival. Os poetas que escreviam as obras, os *coregas* que as pagavam e os atores e cantores que as executavam eram considerados como ministros da religião e suas pessoas, sagradas e invioláveis. O teatro mesmo tinha a santidade de um templo divino. Toda forma de ultraje ali cometida era tratada não meramente como um delito contra as leis ordinárias, mas como um ato sacrílego que era condenado com a correspondente severidade. O processo jurídico comum não parecia suficiente, e estes delinquentes eram submetidos a um processo excepcional ante uma reunião muito especial da Assembleia. Conta-se que em uma ocasião um certo Ctesicles foi condenado à morte apenas por haver surrado um inimigo pessoal durante a procissão. O simples fato de se arrancar um homem do assento ocupado por engano era matéria de sacrilégio punível com a morte[3].

---

3. A. E. Haig, *The Attic Theatre:* a description of the stage and theatre of the athenians, and of the dramatic performances at Athens.

Resguardemo-nos bem da estranhíssima mistura de elementos díspares que este enorme fato nos apresenta juntos, como desafiando-nos a que intentemos descobrir sua raiz secreta, o princípio que os liga e faz de sua antagônica pluralidade uma unidade orgânica. Porque aí achamos um estado de profunda e patética exaltação religiosa destacando, como de um fundo de que emana, sobre um festival coletivo e multitudinário, consistente em folguedo e orgia, e inseparavelmente unidos a esses *dois lados* do gigantesco fato estes outros dois: uma diversão pública e uma das criações da mais pura e elevada arte, da mais transcendente poesia que a Humanidade logrou. Nós, que há quarenta anos analisamos tenazmente a realidade radical que é a vida humana, estamos acostumados a ver que toda concreção sua, todo fato vital ou vivente tem *lados diversos*[4]. Isso nos impõe um modo de pensar com peculiar giro dialético, que nos obriga sempre a dizer "por um lado...", "por outro lado...".

A atitude religiosa que torna presente ao homem nada menos que o divino, a orgia que pareceria à primeira vista tudo quanto há de mais contrário a ela, a diversão de ordinário considerada como essencialmente frívola, e as belas-artes – poesia, música, dança e pantomima – que valem como meras graças de equívoca substância dentro da vida humana, essas quatro coisas das mais diversas têm

---

Revista por Arthur Wallace Pickard-Cambridge. Oxford: The Clarendon Press, 1907, p. 1-2.

4. Vinte anos antes que nós, Dilthey já o havia apalpado: "Das Leben ist eben mehrseitig". (A vida é precisamente multilateralidade).

que se transformar para nós em uma e mesma coisa se queremos de verdade entender o fato unitário em que as vemos surgir. Ante uma situação assim, o pensador – não achamos outro nome menos indecoroso para designar seu ofício e operação – aparece como um prestidigitador e ilusionista que arregaça as mangas e diz ao público: "Senhores, estão vendo essas quatro coisas distintas e mesmo opostas, culto, orgia, diversão e arte? Pois eu vou, com alguns passes de mão, convertê-las em uma só e mesma coisa!". E o caso é que ele não tem outro remédio senão tentar fazê-lo, porque nisso consiste sua arte.

Parece, pois, ineludível e constitutivo da condição humana duplicar o mundo e opor a *este* um *outro* que goza de atributos contrários. Mas é claro que não encontra dentro de si mais que a simples postulação desse *transmundo*. Agora se trata de descobri-lo, de tomar contato com ele, de *vê-lo*. Como? Por quais procedimentos, meios, métodos, técnicas?

O caráter geral com que este mundo se apresenta ao homem é a habitualidade. O mundo em que vivemos por certo e no qual nos encontramos é o "mundo habitual", o "ordinário". Paralelamente o *outro* mundo fica, por simples repercussão, caracterizado por ser o "excepcional", o "extraordinário". E tudo o que se oferece com esta fisionomia adquire *ipso facto* o grau de Ultramundo e divino.

Daí que desde os tempos mais primitivos tenha o homem considerado que os sonhos e os estados visionários eram, por sua relativa excepcionalidade e viés extraordinário, o que lhe revelavam esse mundo que é outro e, por ser outro, é superior.

O homem nunca foi muito inteligente, não o é todavia. Há milênios era menos ainda. Não sabia pensar. Em troca, soube sempre sonhar quando dormia. Os sonhos foram a "ciência" primigênia do ser humano e sua pedagogia inicial. Nós, certamente, não possuímos ainda nenhuma ideia clara sobre o que é o sonho e isto nos convida a não menosprezar a Humanidade primeva, porque julgava que ao sonhar se lhe tornava presente a realidade de um modo superior, exatamente da mesma maneira que as percepções normais da vigília lhe apresentavam a realidade do "mundo habitual". No sonho vemos, tocamos e ouvimos. É como se todas as nossas faculdades de perceber se duplicassem formando dois equipamentos, um que funciona na vigília e outro que opera no sonho. E assim como nós fazemos "teorias do conhecimento", os primitivos fizeram e continuam fazendo "teorias dos sonhos". Por exemplo: como ao sonhar o primitivo – cuja vida é menos rica de componentes e para o qual os familiares têm mais existência – vê os seus mortos, estes adquirem por isso mesmo um caráter divino. Não é de estranhar que, inversamente, os Bokongos pensem que os mortos são quem "nos dão os sonhos"[5]. Se saltarmos até os índios norte-americanos verificaremos que, segundo os *pawnee*, os sonhos nos são trazidos do mundo dos deuses no alto por certos pássaros. Eles os trazem nos bicos, os depositam lá onde dormimos e voltam sem carga para as regiões etéreas[6].

---

5. Lévy-Bruhl.
6. Wilson D. Wallis, *Religion in Primitive Society*. New York: F. S. Crofts & Co., 1939, p. 174.

Os sonhos não são, pois, escamoteados pelo homem primitivo, quero dizer, ele não os converte em meros estados subjetivos. Os sonhos são coisas, realidade, mundo, são algo que "está aí". O mesmo pensam as crianças.

Eis um diálogo transcrito pelo melhor psicólogo da infância que hoje existe, o suíço Jean Piaget:

Fav (8; 0) faz parte de uma classe de alunos cujo professor tem o excelente costume de dar a cada criança um "caderno de observações" no qual ela anota diariamente, com ou sem desenhos explicativos, um acontecimento observado pessoalmente fora da escola. Certa manhã, Fav anotou espontaneamente, como sempre: "Sonhei que o diabo queria mandar que me cozinhassem". Pois bem, Fav juntou a esta observação um desenho cuja cópia anexamos: vê-se, à esquerda, Fav em sua cama; no centro, o diabo; e à direita Fav em pé, em camisola de dormir, diante dele o diabo que vai mandar cozinhá-lo. Fizeram-nos observar atentamente este desenho e fomos ver o próprio Fav. Seu desenho ilustra, com efeito, e até com certo poder, o realismo infantil: o sonho está junto à cama, ante o adormecido que o contempla. Além disso, Fav está em camisola de dormir, em seu sonho, como se o diabo o tivesse tirado da cama.

Mas o que Fav não compreende é a interioridade do sonho: "– Enquanto sonhamos, onde está o sonho? – *Diante de nossos olhos.* – Onde? – *Quando estamos na cama, diante dos olhos.* – Onde, muito perto? – *Não, no quarto*". Ensinamos a Fav sua imagem em II. "– Que é isto? – *Sou eu.* – Qual é a mais exata; esta (I) ou esta? (II). – *No sonho* (assinala II). – Isto é alguma coisa? – *Sim. Sou eu. Eram sobretudo meus olhos que haviam permanecido lá dentro* (assinala I) *para ver* (!) – Como estavam lá teus olhos? – *Estava tudo inteiro, sobretudo meus* olhos. – E o resto? – *Estava dentro também* (na cama). – Como é isso? – *Estava duas vezes. Estava em minha cama e olhava todo o tempo.* – Com os olhos abertos ou fechados? – *Fechados, já que era dormindo*". Um instante depois Fav parece ter compreendido a interioridade do sonho. "– Quando sonhamos o sonho está em nós ou nós estamos no sonho? – O *sonho está em nós porque somos nós que vemos o sonho.* – Está na cabeça ou fora dela? – *Na cabeça.* – Você me disse faz um momento que estava fora dela; o que quer dizer isto? – *Que não se via o sonho sobre os olhos.* – Onde está o sonho? – *Diante de nossos olhos.* – Há alguma coisa de verdade diante dos olhos? – *Sim.* – Que coisa? – *O sonho*". Fav sabe pois, que há algo de interior no sonho; sabe que a aparência de exterioridade do sonho é devida a uma ilusão ("não se via o sonho sobre os olhos") e, no entanto, admite que, para haver ilusão, é necessário que exista "de verdade" alguma coisa diante de nós. "– Você estava ali (II) 'de verdade'? – *Sim, estava duas vezes de verdade* (I e II). – Se eu tivesse estado ali, o teria visto? (II) – *Não.* – O que quer dizer isto: 'eu estava duas vezes de verdade'? – *Porque quando eu estava em minha cama estava de verdade, e depois, quando estava em meu sonho, quando estava com o diabo, estava também de verdade".*

É um erro diagnosticar – como faz o próprio Piaget – esta operação do menino como uma contradição. Nela o menino vai fazendo constar, com uma precisão digna de um fenomenólogo, os vários caracteres do sonho. O sonho, com efeito, tem o caráter de uma cena real. Ela é presenciada de fora dela, como os acontecimentos corporais da vida desperta. O sonho tem, pois, o caráter de algo exterior ao sujeito. Mas ao mesmo tempo tem o caráter de estar mais adstrito ao sujeito individual do que as cenas na vigília. Portanto, é algo subjetivo e interior. Ambas as notas são verdade. Portanto, é verdade que o menino está na cama e é verdade que está dentro do sonho, o qual acontece no quarto. É isto contradizer-se? Tanto não o é que a análise científica do que é um sonho tem que começar por fazer essas duas afirmações. Precisamente porque ambas são verdade, o sonho é um problema. É a "coisa" sonho que é contraditória e por isso é, para nós, questão.

O que sucede é que o menino não continua o desenvolvimento dialético iniciado até chegar a um resultado estável. Detém-se. Detém-se, primeiro, por falta de interesse; segundo, porque a massa de pensamentos que é necessária executar e empregar para alcançar esse resultado estável é tal que a Humanidade, em seu imenso labor coletivo, tardou milênios para chegar a uma solução aproximada. Mas o processo dialético não terminou ainda hoje. O sonho continua sendo questão, quer dizer, continuamos contradizendo-nos ao falar dele. Só neste sentido cabe dizer que o menino se contradiz – isto é, do mesmo modo que nós.

Em outro diálogo[7] há um menino de sete anos que já averiguou, ou aprendeu dos mais velhos, que os sonhos são irreais, que "não são de verdade".

Pasq. (7; 6). "– Onde está o sonho enquanto se sonha, no quarto ou em você? – *Em mim.* – Foi feito por você ou veio de fora? – *Foi feito por mim.* – Com que coisa se sonha? – *Com os olhos.* – Quando você sonha onde está o sonho? – *Nos olhos.* – Está no olho ou atrás do olho? – *No olho*".

Ainda não sabe, no entanto, que os sonhos são fantasias. É, pois, para ele algo não-subjetivo, e nesse sentido objetivo porém irreal. Por isso dirá que não é pensamento, mas uma coisa, e com admirável lógica o reúne "aos contos". É uma admirável ontologia – o sonho tem um modo de ser afim ao dos contos.

---

7. Piaget.

Mas o dramático é a intervenção dos adultos. Estes o fazem com palavras que ou são distintas, incomuns para a criança, já que ela tem de procurá-las, criar-lhes uma significação, ou têm significações mais ou menos não coincidentes com as da criança. Até aqui esta fez por si só seu mundo à base de suas evidências: é um mundo autêntico em que cada componente é o que é. Mas as intervenções adultas o desconjuntam e desprestigiam. A criança continua acreditando em suas crenças porque não pode deixar de fazê-lo: procedem de evidências. Mas se vê obrigada, ao mesmo tempo, a duvidar de si e em consequência duvida do que crê sem poder deixar de crer[8]. Deste modo, tem de dissociar-se em uma dupla faina: de um lado, continua organizando seu mundo à base de evidências, mas, de outro, tem de ir adaptando-o ao que lhe dizem e que não é para ela evidente. Isto tira ao mundo resultante a autenticidade, o torna híbrido, composto do visto e do escutado (inautêntico, in-evidente, *coecus*).

Não se estudou esta socialização da criança que é, ao mesmo tempo, uma deformação de sua individualidade. Exemplo de inautenticidade:

Tann (8; 0). "– Donde vêm os sonhos? – *Quando fechamos os olhos; em vez de que isto produza noite, vemos coisas.* – Onde estão as coisas? – *Em nenhuma parte. Não existem, estão nos olhos.* – Os sonhos vêm de dentro ou de fora? – *De fora. Quando vamos e vimos, e vemos alguma coisa, esta se marca sobre nossa testa, sobre pequenos glóbulos de sangue.* – Que sucede quando dormimos? –

---

8. O término desta etapa, a digestão dessa primeira desilusão se precipita na descoberta de que, além do que é (o real), há "o que se crê" (o que parece ser) e o "como se".

Vemos as coisas. – Este sonho está na cabeça ou fora? – *Vem de fora e quando sonhamos isso vem da cabeça.* – Onde estão as imagens quando sonhamos? – *De dentro do cérebro vêm para dentro dos olhos.* – Há alguma coisa diante dos olhos? – *Não*[9].

Estes glóbulos vermelhos e sua função de receber o "engrama"* das coisas, já não é evidente, como não o é na ciência a impressão recebida nos centros cerebrais. Já é hipótese e, ademais, sem clareza para a criança... nem para nós.

Mas no sonho o homem está dormindo. Seria preferível ter sonhos desperto. Isto se consegue com estupefacientes[10]. O sonho desperto é a embriaguez.

Seu estudo fenomenológico seria muito importante, porque talvez seja o *estado mental* decisivo para o "descobrimento do transmundo".

O bêbedo sente que se arrancou do que lhe era a vida – pesadume. Vive agora uma vida isenta de negatividade, cheia de luz, em que tudo sorri, nem sequer sente a resistência da matéria (por perda do tato periférico). Por isso leva tombos, não sente a dureza e solidez da terra. Não percebe limitação alguma à vida. Tudo é como deve ser. É a felicidade, a beatitude. Da vida anterior conserva apenas a impressão como de algo do qual foi arrancado.

---

9. Piaget.
*. Marca duradoura produzida por um estímulo. Traço. (N. da T.)
10. Sobre o fato de os estupefacientes serem, talvez, o "invento" mais antigo da Humanidade, ver meu *Comentario al "Banquete" de Platón*. *Obras Completas*. Madrid: Editorial Alianza / Revista de Occidente, 1983, tomo ix.

Esta sensação de "assunção" é característica do êxtase, do "estar fora de si".

Tem, pois, a clara percepção de haver *transitado para outro mundo,* com a peculiaridade de que o trânsito é instantâneo, sem intermissão e, neste sentido, sem caminho. É um salto, um pulo – não um passar com continuidade de um mundo ao outro –; daí a impressão de arrebatamento e daí também que esta realidade a que chega se lhe ofereça sem comunicação com a que deixa e seja formalmente *outro* mundo.

Não obstante, a embriaguez por si não inclui momento algum que leve ou tenha de ver com o religioso e que faça desse "outro mundo" um mundo divinal.

Ter-se-ia que postular, pois, uma embriaguez, em algum sentido, religiosamente pré-dirigida – de modo que todo o fenômeno, com cada um de seus momentos, fique tingido de cor ou cariz religioso.

O homem necessita periodicamente da evasão da cotidianidade em que se sente escravo, prisioneiro de obrigações, regras de conduta, trabalhos forçados, necessidades. O contrário disto é a orgia. A simples ideia de que a tribo ou várias tribos próximas vão reunir-se um dia, não para trabalhar, mas precisamente para viver algumas horas de outra vida que não é trabalho – em suma, a festa –, começa já a alcoolizá-lo. Além disso, a presença dos outros, compaginados em multidão, produz o conhecido contágio e despersonalização – se a isto se acrescenta a dança, a bebida e a representação de ritos religiosos (a dança já o era por si mesma) que faz rebrotar do fundo das almas todas as emoções profundas, extraordinárias, transcendentais do patetismo místico –, dá um resultado de ilimitada exaltação e faz dessas horas ou dias uma forma de vida que é como ultravida, como participação em outra existência superior e sublime. Isto é a festa. Isso é a *theoria* a que me referi antes.

Um aperfeiçoamento destes métodos e técnicas que revelam ao homem o transmundo são as cerimônias e ritos de que consistem as religiões antigas. Porque, diferentemente do islamismo e cristianismo, essas religiões não são *fé*, mas são substancialmente *culto*. Não se trata nelas de recolher-se dentro de si e ali, na solidão de si mesmo, na "solidão sonora" da alma (São João da Cruz), encontrar Deus que mana em nós como uma fonte despercebida, mas se trata, inversamente, de "pôr-se fora de si", de deixar-se absorver por uma extra-realidade, por *outro* mundo melhor que de súbito, no estado excepcional e visionário, se faz presente, logra sua epifania.

O caso da religião dionisíaca é excepcionalmente exemplar por sua clareza. Nela o Deus – Dionísio – é ao mesmo tempo o método para chegar a ele. Como há uma *Imitação de Cristo* houve uma *imitação de Dionísio*, à qual se chamou literalmente "imitação" – ομοιωσις προς τὸν θεόν – e que consiste em "perder a cabeça", frenesiar-se, enlouquecer: μαίυεσθαι–βαχχεύειν[11].

Convém notar que na época clássica a religião grega consistia em três camadas de deuses, muito diferentes

---

11. Um estudo mais amplo da religião dionisíaca encontrar-se-á no aludido *Comentario*.

entre si como fauna divinal, que o homem grego trazia na alma superposta como estratos geológicos.

Há, para começar, os deuses e cultos dos povos vencidos pelos helenos quando do Nordeste, separando-se do tronco comum indo-europeu, desceram para a Grécia e suas ilhas. Esta religião, a mais antiga, grosseira, rude, era a religião que se havia estendido por toda a área da cultura egeia. Suas divindades predominantemente femininas são de simbolismo *ctônico*. São deuses subterrâneos, do "embaixo" ou inferno. Deuses sombrios que originariamente deviam ser os próprios parentes mortos. Ao serem vencidas essas nações pelos gregos, elas ficaram ali como plebe, como o que Toynbee chama "proletariado interior de uma civilização". E é curioso observar que, neste caso como *sempre* na História, essa religião proletária é a que, com uns e outros acréscimos, acaba por rebrotar e impor-se sobre a religião dos grupos aristocráticos que foram seus vencedores.

Esta é a outra camada, o outro Panteão, que culmina com refinamentos francamente amaneirados nos poemas homéricos[12]. Suas divindades são exatamente o contrário das subterrâneas, infernais e necrófilas. São deuses celestes, siderais e fulgurais, o Sol e o raio. Desprezam os mortos. Em Homero, os mortos são quase umas figuras cômicas. O maravilhoso poeta cego acompanha com entusiasmo o homem enquanto vive, mas, tão logo morre,

---

12. Que eu qualifique Homero de amaneirado talvez surpreenda um pouco e até muito. Mas não há nada a fazer: ele o é. Como e porque se verá em meu livro *El origen de la filosofía, Obras Completas,* tomo IX.

dá-lhe um pontapé no traseiro e não torna a ocupar-se dele[13].

Dionísio representa uma camada intermediária que participa de ambas, que se concentra praticamente em um só deus e que, por todos os conceitos, representa o máximo de altitude religiosa de que foram capazes os gregos. É filho de Zeus – do mais alto – e de Semele, deusa da profundeza, deusa telúrica, do país dos fenecidos.

Dionísio é um deus universal – deus da Vida, de todo renascer primaveril em planta, animal e homem, mas também deus dos mortos. Deus amável, delicioso, prazenteiro e festival; deus terrível, destrutor, que acaba ele mesmo esquartejado em feroz canibalismo*. Deus bom e deus mau. A rigor, todo deus antigo tem em germe ambas as caras. É, com efeito, condição do deus ser favorável ao homem e ser feroz com ele – ser "proverso" e ser "adverso". Dionísio é ambas as coisas de um modo superlativo: é delícia e é espanto. É o deus que regala o homem com visões em que este prevê o seu futuro[14]. E é ele o deus do frenesi e da demência: o deus *maníaco*, o deus ébrio.

---

13. Isto já aparece de um modo perfeito e "adquirido para sempre" na *Psyche* (New York: Freeport, 1972) de Edwin Rhode, um livro portentoso que as grandes azêmolas filológicas, tipo Wilamowitz-Moellendorf, conseguiram desterrar e desqualificar durante anos, mas que a cada dia cobra nova e maior refulgência.
  *. O autor utiliza o termo *mascalismo* de *mascar*. (N. da T.)
14. Apolo de Delfos não outorgava oráculos mediante visões, senão mediante a interpretação racional de certos signos. Os intérpretes, adscritos a seu templo, se chamaram *profetas* no sentido estrito desta palavra para os gregos,

Dionísio é, sem dúvida, o deus *mais deus* que tiveram os gregos. A seu lado os olimpianos parecem "aficionados" a serem deuses: Zeus (Júpiter), Hera (Juno), Ares (Marte), Posseidon (Netuno), dir-se-ia que estão "se fazendo de deuses"[15]. Em Dionísio se manifesta mais claramente do que em nenhum outro o que para os gregos – e não somente para eles – é o atributo mais característico dos deuses: que são perturbantes, que não se sabe como vão comportar-se, que não se sabe bem que fazer com eles. Por isso Hesíodo os chama "θεῶν γενος αίδοῖον", a casta perturbante dos deuses[16].

Dionísio e a religião dionisíaca representam a tentativa de o homem libertar-se da vida como preocupação que é sua forma primária e substantiva. O dionisíaco é a vida como descuido, sem cuidados, o abandono ao puro existir e a fé em que *algo mais além da personalidade* – a personalidade é consciência, deliberação, cautelosa e suspeitosa previsão, regulamentada conduta, *razão* – e

---

termo que os hebreus da Septuaginta traduziram – e traduziram mal – o vocábulo hebreu *nabib**, que significa uma coisa muito diversa. Quando a religião dionisíaca entrou triunfalmente em Delfos e Apolo teve de pactuar, introduziu-se ali a adivinhação – μαντεία – por meio de visões que a Sibila obtinha intoxicando-se com gases mefíticos. Uma das datas que marcaram época na história grega foi a da entronização da Sibila cerca de 660 a.C. Ainda em Heráclito (475 a.C.) repercute o efeito desta tremenda inovação.

*. A transliteração do termo hebraico *nabi nabiim* ou *navi, naviim,* profeta, profetas não corresponde à utilizada pelo autor no texto. (N. da T.)
15. Somente Apolo tem ares autêntico e digno deus.
16. Hesíodo, *Theogonia*, verso 44.

mais poderoso, constante e fecundo que esta leva o homem generosamente em seus braços, enriquece sua existência e o salva. Esse algo, ultra, sobre e infra-humano são os poderes cósmicos elementares, os mais certamente divinos. Os deuses do Olimpo são demasiado *pessoas*, demasiado reflexivos, preocupados, corretos; em suma, demasiado humanos para serem radicalmente divinos. Por isso a religião dionisíaca invadiu a Grécia com incrível rapidez; viu-se nela a possibilidade de contato com uma realidade mais autenticamente transcendente, mais genuinamente divina. De puro superior a tudo o que é humano, de puro onipotente que é diante dela, o homem não é *por si* nada. A radical nulificação do homem é o sintoma de toda grande e profunda – isto é – genuína religião. Ante esses poderes supremos não há nada a fazer senão abandonar-se a eles. Porém como no homem tudo toma inexoravelmente o caráter de fazer – até o não fazer nada é o fazer suspensivo de todo fazer – e, como digo na conferência, até a paciência que retém toda ação é um esperar e este é um "fazer tempo", *abandonar-se* supõe toda uma série de atividades e inclusive exige uma técnica e um método. Não é coisa tão fácil que o homem, constituído em um permanente, fatigante, angustioso "estar sobre si" – como o abutre está sobre sua presa –, se solte, perca essa regulamentação de si mesmo, essa atividade policialesca que o leva a vigiar sua própria conduta. Para abandonar-se é preciso deixar de "estar sobre si", e isto significa que é preciso "pôr-se fora de si", deixar de "ser si mesmo", fazer-se outro, alheio a si – alienar-se. A entrega a Dionísio e a realidade transcendente que ele simboliza é a alienação, a loucura estática – "a mania".

Homero devia andar pelo mar Egeu cantando seus deliciosos contos lá por volta de 750 a.C. Era apolíneo e expoente do que até então havia sido o homem grego, embora em sua forma mais avançada, mais afetada, mais "fim de época". Cem anos mais tarde a Grécia é uma forma de vida sobremaneira distinta. Na *Ilíada* e na *Odisseia* cita-se algumas vezes Dionísio, mas sem precisar nada a seu respeito, sem que ele intervenha em nada. Era Dionísio um deus demasiado formidável para poder tratar com os olimpianos, que eram gente um pouco acanhada, demasiado "distinta" e de *bonne compagnie*. Mas cem anos mais tarde Dionísio se impôs e dominou a vida grega. À medida e ao ser razoável que Apolo representa, ensina e ordena com gesto belo, porém severo, Dionísio contrapôs e conseguiu fazer triunfar sua divina loucura. Desde então os gregos nunca mais deixaram de render culto à exaltação visionária, ao pensar *maniático*. Todos, em primeiro lugar sobretudo Platão e Aristóteles, os pais inventores da lógica. Quem não tiver isto sempre em vista, quem não o entender, não sabe a menor coisa sobre o que foi a Grécia.

Dionísio é a visão extática de um Ultramundo que é a verdade *deste* nosso mundo. É a religião visionária.

Porque Dionísio é ao mesmo tempo o deus e o método para chegar a ele – disse há pouco. Com efeito, Dionísio é o deus-vinho, o vinho como deus e o divino como embriaguez. O vinho é o mais ilustre estupefaciente. Ele dispõe ao culto frenético que consiste em danças apaixonadas. Há um texto muito curioso em que Alenco, citando a Filocoro, diz: "Os antigos nem sempre praticavam o ditirambo; mas quando celebravam o culto, se era dedicado a Dionísio, cantavam e dançavam, bebendo até à embriaguez; mas se se tratava de Apolo, com medida e com ordem"[17].

Os gregos não renunciavam a nada. Eis aqui as duas faces da vida: ordem e desordem, seriedade e diversão, razão e alienação.

Assim como esquecemos o que foram para o homem os sonhos, seus primeiros mestres, esquecemos o que durante milênios foi para a Humanidade a dança. E isto apesar de termos à nossa vista o fato de que todos os povos primitivos atuais não podem existir sem dançar. A dança é *todo um lado* da vida para eles. É a ação coletiva por excelência em que a tribo como tal, diríamos, a nação se faz presente, se reconhece a si mesma como realidade coletiva, refresca constantemente sua solidariedade, atua e é. O objeto mais *santo*, mais sacro *sensu stricto*, é o tambor. Na África negra, para expressar que um indivíduo é estrangeiro, que pertence a outra tribo, se diz: "Esse dança com outro tambor"; e em muitos lugares quem põe a mão indevidamente ou se atreve a tocar sem título suficiente o santo tambor tribal é condenado à morte. Ao europeu que haja vivido nas profundas, secretas selvas da Nigéria e do Congo fica sempre o tantã pertinaz de inumeráveis tambores invisíveis que tocam teimosamente dias, semanas, meses sem parar. E isto significa que milhões de homens praticam com tenacidade de obsessos, de maníacos, a dança, como se esta fora o *lado da vida* mais importante. E de fato o é, porque na dança, mesmo sem bebida e droga, o homem se esquece de si mesmo,

---

17. *Ateneu*, XXIV, 628 a.

do gravame que é sua vida e, conseguindo ver o mundo como *outro* do que é, como transmutado em feliz ultramundo, é feliz – ultravive.

Por isso não é senão mais do que natural que Dionísio seja um deus que dança – dança freneticamente e com ele suas sacerdotisas e fiéis, as *mênades*, isto é, as loucas. Tão dançarino é Dionísio que, segundo o mito, já dançava no ventre de sua mãe.

Apolo é a medida, a rigorosa norma da vida, o "estar sobre si", a conduta severa – a conduta conforme o ritmo, o "ser em forma". Mas, bem entendido, também dança. No Panteão grego – salvo Júpiter e Hera, que são os donos da casa, que são deuses ingleses, antipáticos, a pura *respectability* – todo mundo dança. É parte da vocação de deus ter o pé ágil. Apolo é, por excelência, o deus dançarino – só que sua dança é severo e rígido ritmo, e por isso o culto que se lhe dedica consiste em danças moderadas. *Est modus in rebus**, e Apolo é o *modus,* o *lógos* da vida e das coisas.

Donde resulta que a diferenciação mais precisa e clara destas duas religiões contrapostas – a apolínea e a dionisíaca – seria distinguir duas danças – como no século XVIII se batiam a socos na Espanha os "ilustrados", influenciados pelo enciclopedismo francês, e os castiços, submersos na estupenda plebe espanhola, pela preferência entre estes dois bailados: o *minuet* ou a chacona.

O culto primigênio, já o disse, é uma dança. Mas esta dança é uma pantomima em que se representa a vida do deus. Deste modo, a prática religiosa que é o culto tem

---

*. "Há uma medida em todas as coisas", Horácio, *Sátiras*. (N. da T.)

o efetivo caráter de uma *imitatio dei,* de uma ὁμοίωσις πρὸς τὸν θεόν. Na dança dionísiaca se representa a vida, paixão, morte e ressurreição de Dionísio. A festa era o dia dos defuntos – a Choé[18] –, que abria o longo festival das Antesterias, dedicado à veneração dos mortos. Um cidadão que figurava ser Dionísio, coroado de pâmpanos e folhas de videira, entrava em Atenas dentro de um navio colocado sobre rodas. Era o "carro naval" – de onde vem nosso Carnaval.

Inversamente, aquilo que nas cerimônias de culto os homens fazem – desde os tempos mais primitivos – é projetado sobre a lenda ou mito do deus. Porque ao adorá-lo dançam os homens e nesta dança ritual se identificam com o deus cuja vida representam, produz-se entre o fiel e o deus uma troca de atributos. Esta é a razão de que os deuses dancem.

Vemos, pois, que a representação da vida divina é estilizada em dança ao introduzir nos acontecimentos miméticos a magia formal do ritmo, que transpõe ou transubstancia o ato habitual e mundano em algo superior e transcendente – como na palavra, o vulgar e profano dizer ao converter-se graças ao ritmo em verso, se torna fórmula mágica – *carmen*[19].

---

18. Dia em que se libava com hidromel – água, vinho e mel – sobre a tumba dos mortos.
19. Notório é que o verso primigênio não tem intenção nem sentido prático, porém mágico ou jurídico: é conjuro ou é lei. Para citar apenas um caso espanhol, basta lembrar que no périplo de Avieno se diz que os tartésios, isto é, os proto-andaluzes formulavam suas leis em coplas. Fica divertido averiguar que

Agora não temos mais que dar às coisas seus nomes para que tudo isto se combine, se unifique, se aclare e se condense.

A série de movimentos, de atos que integram a "representação" mimética chamavam os gregos de "drómenon", de *drao* – atuar, executar. A forma nominal deste verbo é *drama*. Ela nos faz ver, por assim dizer, oficialmente, no rito religioso o pré-teatro, a pré-história do teatro que esta nota acrescentada ao texto da conferência quisera mostrar ao leitor.

Por outra parte, a cerimônia religiosa que consistia na dança mimética, o *drómenon* ou ação sagrada, dizia-se em grego *orgia*[20], de *ergon*, obra ou operação, atuação. *Orgia* é, pois, o mesmo que *drama*; mais exatamente, é o drama visto por seu anverso religioso. Porém, como observamos, o ato religioso é formalmente festival. Culto é festa, e vice-versa. Para a Humanidade toda, incluindo Grécia e Roma, toda festa é religiosa e a religião culmina *a fortiori* em festa. Nossas festas, para dizer a verdade, não o são quase ou o são em grau muito menor. São festas desdeusadas, laicas, "dessacralizadas", desossadas do sustentáculo emotivo e simbólico religioso. São festas profanas, isto é, profanadas.

Ao tornar-se na Grécia o culto báquico relevante e dominador de todos os demais, sua festa e rito cerimoniais, sua *orgia* adquiriu um valor antonomástico, e

---

as primeiras leis andaluzes já apresentavam um som de "seguidilhas".
20. Só se usava o vocábulo nesta forma que é do plural, portanto, "as atuações rituais".

como tinha um caráter de frenesi, a orgia e o orgiástico carregaram-se do sentido que hoje tem para nós. Daí que o único comportamento coletivo que permanecia no Ocidente com certo valor residual de autêntica "festa" fosse o Carnaval, que era a única festa orgiástica sobrevivente na Europa. Como lhe haviam extirpado a alma, que era o deus – Dionísio, Baco –, a bacanal carnavalesca foi-se atrofiando, desnutrindo-se até morrer em nossos dias. Nós, espanhóis, ainda conservamos, embora em estado de agonia, o único outro resíduo de festa autêntica: a corrida de touros, também em certo sentido – que não vou desenvolver aqui – de origem dionisíaca, báquica, orgiástica. Nietzsche dizia com verdade sobejante que "toda festa é paganismo". A religião cristã, ao desqualificar a vida humana em consequência de haver descoberto um Deus mais autenticamente Deus que os pagãos, isto é, mais radicalmente transcendente, matou para sempre o sentido festival da vida.

A "mania" báquica, o frenesi orgiástico nos faz *ver* outro mundo – um mundo em que tudo é positivo, saboroso, sorridente e, ao mesmo tempo, terrível. A visão da realidade *outra* que é o mitológico, o divino, é infinitamente atrativa; é, literalmente, a máxima voluptuosidade, porque se o divino é o *mysterium tremendum*, é também o *mysterium fascinans*[21]. Mas nesse outro mundo – isto é o essencial – mesmo o terrível tem gesto positivo, afirmativo. Também nele há o mais terrível: a morte. Mas, aí está!, na visão dionisíaca do mundo, morte e vida

---

21. Ver Rudolf Otto, *Lo Santo*, tradução da *Revista de Occidente*, 1925. (Na coleção Seletas, 2ed., 1965)

são indiferentes, porque se viver é, por último, morrer, morrer é, ao fim, ressuscitar. Dionísio é o deus que vive freneticamente, que morre despedaçado e que ressuscita gloriosamente. É mais: na torrente do misticismo dionisíaco chegaram aos gregos as duas ideias que eles menos tinham em seu próprio fundo étnico: a ideia da imortalidade e a ideia – nada menos – de que o homem é de origem divina. As duas ideias menos homéricas que se pode imaginar.

O culto dionisíaco – o primeiro culto *sensu stricto* "místico" que aparece na Grécia, vindo da Trácia – é constitutivamente visionário, presença de *outro* mundo que é a verdade deste, revelação, e, portanto, fantasmagoria.

A Dionísio estava consagrada a videira e seu sumo – o vinho. Entendamo-nos sobre o que significa clara e precisamente a expressão "Dionísio é o deus do vinho". Não se trata de que a simples e habitual realidade intramundana "vinho" se lhe agregue de fora e como algo novo e distinto da ideia de um deus, mas que o vinho, gerador da embriaguez e com ela da exaltação, visão do futuro e sentimento de felicidade é, por tudo isto, desde logo e por si, *quid divinum*. Porque tudo isso – a emoção do ébrio, suas visões e quase alucinação, sua antecipação do porvir e sua ventura sem par – é justamente o transmundo superior e a ultravida.

Apesar de que a visão dionisíaca do mundo tenha, por um de seus lados, o caráter de terribilidade, o fundo da alma que predomina nas bacanais, no báquico festival, é a alegria, a jocosidade. Alegria é o que o pobre homem, cansado de sentir os pesares de sua vida, vai buscar na taberna mais próxima. Ali encontra o "método" para conseguí-lo. Este "método" é a intoxicação – a μέθη – que a vinhaça proporciona. Ali, pouco depois de começar a libação, sente que sua onerosa vida perde peso, se torna ligeira, ágil, rápida; em suma, *alacer*. Esta é a palavra latina de onde vem a nossa "alegria", que significa precisamente esses atributos. De outra parte, "alacer" corresponde ao vocábulo grego έλαγος – *élafos* –, que designa os mesmos valores: o sem peso, ligeiro e rápido. Daí que *élafos* signifique o cervo. O pobre homem que se arrasta esmagado pelo grande fardo que era seu viver sai da tasca convertido no mais ágil cervo – alegre.

A tradição mais difundida entre os antigos – Ateneu, Plutarco, *Etymologicum magnum* – sobre a origem da tragédia e comédia era que ambas tinham por origem, em última instância, a μέθη, a intoxicação, a bebedeira da vindima inseparável do culto a Dionísio[22].

A vide é, pois, a planta dionisíaca. Mas lhe são também consagradas duas espécies animais: o touro e o cabrito. Por isso, em sua corrida desabalada pelos bosques, junto às *mênades,* as loucas, que o seguiam desgrenhadas, iam também os seres elementares, isto é, quase divinos, "demoníacos" – *daimones* –, que o mito imagina meio homens, meio cabrões: os sátiros. E por isso também os celebrantes de seu culto iam disfarçados de semibodes, formando o tropel turbulento e insolente do coro satírico

---

22. Ver o melhor estudo sobre este problema das origens: A. W. Pickard-Cambridge, *Dithyramb, Tragedy and Comedy,* Oxford: The Clarendon Press, 1927, p. 104.

que se conservaria na tragédia ou – segundo a mais velha tradição etimológica – canto dos bodes[23].

De outra parte, como em tantos povos muito primitivos, ainda hoje em dia, outros fiéis do deus, disfarçados de bois, iam mugindo, isto é, fazendo o ruído – *fone* – dos bois. São os *bu-fões,* os que bufam. Não podemos dar um passo nesta religião dionisíaca sem tropeçar em coisas e gentes do Teatro, de tal modo são mutuamente dionisismo e teatralidade, medula e substância[24].

Agora veremos, como a coisa mais natural do mundo, brotar desse profundo *humus* religioso dionisíaco, místico, visionário, fantasmagórico, como sua flor mais afim: o Teatro.

Culto, festival e orgia já estão aí consubstanciados, identificados diante de nós. Falta o momento artístico.

A arte é jogo, diversão, "como se", farsa.

Os etnógrafos perseguem cada vez mais de perto o problema que se lhes apresenta quando em seus "estudos no local"[25] presenciam os cerimoniais religiosos dos povos selvagens. Porque o aspecto da execução e a atitude de executantes e espectadores têm um estranho caráter equívoco, muito difícil de definir adequadamente. Com efeito, não se sabe se o que fazem e o que seu fazer implica

---

23. Nem é preciso dizer que esta etimologia popular de "tragédia" é sumamente problemática.
24. Os "bufões" seriam, pois, idênticos aos *bull-roarers* de que falam os atuais etnógrafos ingleses.
25. Os estudos mais recentes da etnografia – a escola de Malinowski, professor de antropologia em Londres – insiste em que a investigação etnográfica tem que ser mui acentuadamente "estudo no local", ver e ouvir os primitivos, falar, conviver com eles.

como crença é direto e sincero ou é farsa. Em seu livro *Homo Ludens,* meu grande e admirado amigo, o holandês Huizinga – recentemente falecido – diz o seguinte:

> Apesar dessa consciência, parcialmente efetiva, da "não autenticidade" dos sucessos mágicos e sobrenaturais, os mesmos investigadores ressaltam que isto não deve levar à conclusão de que todo o sistema religioso de práticas rituais seja uma fraude inventada por um grupo incrédulo para dominar outros que são crentes. Esta ideia é divulgada não só por muitos viajantes, mas às vezes também, aqui e ali, pela tradição dos próprios aborígenes[26].

É importante notar que esta impressão de equívoco experimentada pelo etnógrafo atual, em face de quase todas as atuações rituais dos selvagens, é idêntica ao que os antigos mesmos sentiram quando presenciavam pela primeira vez ou tinham notícia da esfalfa típica da religião dionisíaca. Pouco depois de introduzir-se em Roma, com o nome de "bacanais", produziu-se um escândalo. Pareceu tão estranho todo aquele comportamento aos tranquilos e comedidos cidadãos da velha tradição romana, que chegaram a temer que isto se convertesse num perigo

---

26. Páginas 36 e 37. Este notável livro, cuja tradução publiquei em minha pequena editora de aventura que intitulei Editorial Azar – Lisboa, 1943 –, foi em parte inspirado por minhas ideias, enunciadas em ensaios muito antigos, sobre "o sentido desportivo e festival da vida". Em conversações pessoais, Huizinga me expressou muitas vezes em que medida o haviam movido a empreender sua grande obra as breves insinuações feitas por mim sobre esse tema. (O livro citado foi o único a ser publicado pela mencionada editora.) [Trad. Bras.: Johan Huizinga, *Homo Ludens*. São Paulo: Perspectiva, 1971].

para o Estado. E como ainda então – isto é, em 186 a.C. – o Estado não era para eles coisa de brincadeira, interveio o Senado, abriu-se um processo que foi famosíssimo, que manteve em suspenso os bons cidadãos por algum tempo e que terminou por um decreto consular proibindo o culto bacanal. Nem é preciso dizer que as bacanais, apesar disso, subsistiram e acabaram por instalar-se em Roma tão firme e dominadoramente como se declararam na Grécia[27].

Mas, como digo, ante as primeiras manifestações daquelas *theorias,* daquele culto frenético, os romanos não sabiam ao que ater-se e duvidavam se se tratava de uma *devoção* ou de uma *diversão*. Na Grécia, este equívoco era precisamente o valor próprio da coisa: era devoção *porque* era di-versão (saída para *outro* mundo, êxtase) e era di-versão porque esse outro mundo, por ser *outro,* era divino; portanto, sua presença era *devoção – theoria*. Nesse ano, 186 a.C., ao propor a questão no Senado, o cônsul Postúnio disse entre outras coisas:

> Além do mais, ignora-se de que se trata propriamente em toda essa atuação. Uns pensam que se trata de uma forma de culto aos deuses, outros creem que é antes um jogo ou farsa e ocasião de lascívia[28].

---

27. Na Grécia, muitos séculos antes, dera-se a mesma resistência à entrada da religião dionisíaca nos usos da *polis*, e também ali acabou por triunfar o místico e alegre frenesi do deus intoxicante.
28. "Coeterum quae res sit ignorare: alios deorum aliquot cultum, alios concessum ludum et lascivian credere". Tito Lívio, livro 39, xv. Pelo visto adorava-se a uma deusa *Simula* ou *Stimula*

Demos agora o último e decisivo passo:

Dionísio se apresenta com uma máscara posta na mão. É o deus mascarado. Era a única coisa que nos faltava para completar a realidade teatral: a máscara, o disfarce. A razão *primeira* pela qual Dionísio traz a máscara não oferece nenhuma dúvida. É um caso particular da "lei" histórica antes formulada: o que os homens, adoradores de um deus, fazem ao adorá-lo, reatua sobre o deus, projeta-se em sua figura mítica e plástica. Os que executavam o culto de Dionísio se mascaravam.

Mas isto nos obriga a averiguar o que é a máscara, qual é a origem e em que consiste a realidade humana que ela é; em suma, por que no Universo há essa coisa que é a máscara.

E então nos deparamos com este outro dado surpreendente dentre os não menos surpreendentes que nesta pré-história do Teatro já encontramos, a saber: que *a máscara é um dos inventos mais antigos da Humanidade,* como vimos que o foram o estupefaciente, a dança e a pantomima.

A primeira aparição do homem algo delineada que chegou a nós – a cultura paleolítica – já no-lo apresenta usando máscara[29]. É esta, pois, irmã e coetânea do primeiro machado de sílex, da pedra sem polimento.

(Juvenal II, 5). Santo Agostinho diz que se chamava assim porque *estimulava* quer dizer, intoxicava. *De Civ. Dei* VI, 11 e 16. Sem dúvida se trata de Semele, mãe de Dionísio (Baco); veja-se Macróbio, *Saturnalia*, I, 12, e Ovídio, *Fastos*, VI, 65.

29. Faz já muitos anos que Cartailhac e o Abade Breuil o presumiram: "Le masque devait être connu par nos artistes paléolithiques e sussi la danse masquée". *La Caverne d´Altamira à*

Recordemos o que foi dito quase no começo deste anexo. O homem fez desde logo a experiência radical que sobre a realidade de sua vida lhe cabe fazer: descobrir que é uma realidade limitada por todos os lados, em todas as direções e, portanto, de sobra impotente. O homem tem em seu poder algumas coisas que quer, mas isto nada faz senão acentuar tanto mais que não tem em seu poder as melhores coisas que quer. Tal experiência produz automaticamente a imaginação de outra realidade, a qual pode, sem limitação, ter tudo o que quer. A consciência de sua própria relatividade é, no homem, inseparável da consciência postuladora do absoluto. E então se engendra nele o veemente e equívoco afã de querer ser precisamente isso que não é: o absoluto; participar dessa *outra* superior realidade, conseguir trazê-la para a sua realidade carente e limitada, procurar que o onipotente colabore em sua nativa impotência.

Esta dualidade e contraste – impotência-onipotência – vai acompanhar o homem todo ao longo da história, assumindo em cada etapa figura diferente. O perfil de uma e outra varia segundo os tempos, porque sendo a impotência uma experiência que o homem faz, cumpre entender que, como todas as experiências, ele a vai *fazendo*; portanto, que não fica nunca encerrada, conclusa, que se modifica, corrige, integra. E não só porque descobre hoje uma nova limitação que ontem passou despercebida nem, vice-versa, porque se retifica hoje uma visão errônea que

---

Santillane près Santander, Monaco: Imprimerie de Monaco, 1906, p. 142-43. Posteriormente esta antecipação nada fez senão confirmar-se plenamente.

se teve ontem, mas porque o homem consegue ampliar suas potencialidades, de sorte que hoje lhe são possíveis coisas que ontem estavam na esfera do impossível. Isto traz consigo que a limitação ou finitude constitutiva do homem não é uma qualquer, não se parece em nada com as demais finitudes que existem no Universo, mas que tem o paradoxal e inquieto caráter de ser uma finitude indefinida, mas limitação ilimitável ou elástica à qual não é possível marcar termos absolutos. Ninguém pode dizer de que o homem é, em absoluto, incapaz, nem correlativamente de que será capaz. Cabe somente delinear em cada instante a fronteira momentânea entre sua impotência real e à onipotência que imagina. Ao dizer isto, vem à mente, irremediavelmente, que Auguste Comte caracterizava a condição humana como constituída por uma *fatalité modifiable,* conceito graciosamente contraditório e que pronunciado com a solenidade um pouco burocrática com que devia pronunciá-lo o próprio Comte tornava-se cômico. Cômico, mas verídico![30].

A figura concreta da impotência e sua contrapartida que é a onipotência depende em cada etapa de como funcione, naquele momento, o pensamento humano ou, dito em outros termos, de qual seja seu estado "lógico". Pretendeu-se que o homem primitivo era ilógico[31]. Isto tem

---

30. Também não teria feito nada mal ao "existencialismo" se tomasse nesta forma a *finitude* constitutiva do Homem, com a qual teria conseguido também aqui eludir o melodrama.
31. E a tese de Lévy-Bruhl que, inconcebivelmente, arrastou quase todo o mundo menos, está claro, Bergson, que a tritura elegantemente, como quem não faz nada. Ver Henri Bergson, *Les deus sources de la morale et de la religion*. Paris: Alcon, 1932. Sobre

toda a aparência de ser uma tolice que se revelou como tal quando, como acontece hoje, o intento de construir de verdade – e não só como vago programa – a lógica, ao mesmo tempo que fracassava, descobria a impossibilidade do puro logicismo e o caráter utópico, desiderativo do pensamento chamado lógico. Ao nos darmos conta de que somos muito menos lógicos do que reputávamos, perde sua base de sentido encerrarmos os primitivos na espécie de manicômio que era sua presumida falta de lógica. A diferença entre eles e nós se faz nesta ordem meramente quantitativa e se estabelece uma perfeita comunidade e homogeneidade no desenvolvimento do pensar humano que nunca foi, é, nem será genuinamente lógico, mas que nunca careceu de "alguma" lógica[32]. É falso, pois, supor que na mente do primitivo não funcionava nem funciona hoje – já que o primitivo persiste diante de nós – o princípio de identidade e demais formalidades do pensamento. Mas Lévy-Bruhl não leva em conta as advertências elementares de que o formalismo lógico não pode funcionar *in concreto*, não pode engendrar pensamento efetivo a não ser combinando-se com princípios ontológicos, quer dizer, com hipóteses "materiais" que ocupam o vazio de seu formalismo. Não confundamos o pensar lógico com a lógica. Esta nos fala dos conceitos como tais e suas relações. É uma reflexão antinatural so-

---

o tema o leitor encontrará um estudo sistemático no capítulo "Mundo e Pensamento Mágicos", de meu livro *Epílogo...*

32. Ver meus *Apuntes sobre el pensamiento:* su teurgia y su deneiurgia, no fascículo primeiro da revista *Logos*, 1941, da Faculdade de Filosofia e Letras de Buenos Aires.

bre nossas ideias que lhes tira sua função radical, a saber: referir-se às coisas. Nossas ideias são um falar das coisas, mas a lógica é um falar de nossas ideias como tais. Com isso suspende a transitividade da ideia e a condena a um narcisismo intelectual, estéril como os demais. Deste modo pode identificar o conceito sem intervenção de nenhuma hipótese ontológica. Se o conceito A e o conceito B podem ser idênticos é um caráter que neles se conhece de cara e sem mais. Mas se a coisa A *é* ou não idêntica à coisa B é uma questão que não depende do conceito de A e do conceito de B, mas do que se entende por *ser*. E o que se entende por *ser* ou realidade efetiva é sempre uma hipótese estranha à lógica. A história do pensamento é a narração da série de experiências ou tentativas que o homem fez para interpretar a realidade.

Pois bem, o pensar primitivo é o pensar primigênio ou o primeiro pensar. Teve, pois, que fazer a primeira tentativa e esta tinha que consistir na hipótese mais ampla e mais simples, a qual consiste em supor que todas as coisas que *têm que ver*, em qualquer sentido, umas com as outras, *são a mesma coisa*. Não se trata, portanto, de que o primitivo não proceda exatamente como nós mediante identificações, mas de que identifica ou considera como idêntico tudo o que *tem que ver* entre si. Por exemplo: o nome de uma coisa *tem que ver* com esta. Portanto, a coisa será idêntica a seu nome ou, dito de outra forma, o nome da coisa será tanto a coisa quanto ela mesma. Uma coisa que se pareça vagamente com outra, o suficiente para que ao ver uma *tenhamos* de representar-nos a outra, será idêntica a esta. Daí que a *verdadeira realidade* para o primitivo não consista nos entes singulares e independentes que costumamos chamar coisas, mas em enormes convolutos de fenômenos onde ficam confundidas, isto é, unificadas e identificadas, inumeráveis "coisas" que a nosso juízo são distintas e mutuamente alheias. Por isso, nos parece que o primitivo confunde as coisas. Deveríamos ter bastante sutileza para agradecer-lhe o fato. Porque sem um pensar primitivo que tomasse sobre si a faina de *con-fundir* as coisas, reunindo-as em primárias e amplíssimas identificações, não teriam podido os homens posteriores, e entre eles nós, operar diferenciações mais perspicazes e rigorosas. Não se repara no fato de que a *confusão* tem um sentido positivo, é uma ação mental. As coisas por si nem estão confundidas nem deixam de estar. O confundir uma coisa com outra é uma maneira de *tomá-las* intelectualmente, isto é, de pensá-las. O pensar primigênio é positiva, constitutiva e afortunadamente o "pensar confuso". Seu resultado – a ideia que produz – não é abstrato nem concreto propriamente, mas algo que deveríamos chamar "sincreto" ou "con-fundente". Esses grandes convolutos de identificação em que, *pari passu* e como se nada houvesse, se transita de uma coisa à coisa, para nós, mais distante, espécie de enormes galáxias mentais, constituem o mundo mágico em que o primitivo vive, se move e é. São os "sincretos" ou *confusões* veneráveis sobre os quais se praticaram todas as distinções posteriores. Entre *tudo o que tem que ver* entre si escolhemos e separamos aqueles fenômenos que nos parecem mais decisivamente conexos e criamos novas identificações mais densas, que julgamos "mais reais", e desdenhamos como vagas e inoperantes as outras tênues concomitâncias que bastam para a "ontologia" primigênia. Mas comprimamos nossa vaidade: as identidades de aparência rigorosa em que nossa ciência consiste não são, em derradeira instância, mais que densificações progressivas do princípio primigênio do pensamento que *é a identificação do que tem que ver* com algo.

Não é preciso colocar, como Bérgson contra Lévy-Bruhl, o exemplo de "l'homme est um roseau pensant". É muito mais forte este: eu sou João – coisa que dirá de si o próprio Lévy –; quer dizer, eu sou um nome. O fundamento da identificação é aqui e no "homem-canguru" o mesmo. Não é a "participação", mas o "ter que ver". Tudo o que tem que ver é uno. Afinal de contas, a lógica aristotélica não impede o "Sócrates é ateniense" e o "Sócrates é filósofo". Tanto é assim que – em face do eleatismo – isso motivou, para não "cair em contradição", a distinção entre o ser substancial e o acidental, como se esta "reserva ontológica" anulasse a contradição "lógica". (Está bem em Meyerson[33], mas ele também comete, com Bergson, o erro de que *nós* somos lógicos. Está muito bem a fórmula: "En somme, la forme de ses jugements ne nous a frappés que parce que nous n'étions pas d'accord avec leur contenu"[34].)[35]

Não é senão expressar a mesma coisa de modo distinto, dizer que o homem passa a vida querendo *ser outro*.

---

33. *Du cheminemene de la pensée,* Paris: Alcan, 1931, p. 83-84.
34. Idem, p. 84. ["Em suma, a forma de seus julgamentos não nos atingiu a não ser porque não estávamos de acordo com seu conteúdo" – N. da T.]
35. O texto deste parágrafo consta de uma ficha; e sua expressão é, por isso, muito abreviada. [Acrescentei o verbo "estar" para dar algum sentido à frase – N. da T.]

Mas o texto da conferência nos fez ver que a única maneira possível de que *uma coisa seja outra* é a metáfora – o "ser como" ou quase-ser. Isto nos revela inesperadamente que o homem tem um destino metafórico, que o homem é a metáfora existencial.

Disse que a experiência radical do homem é o descobrimento de sua própria limitação, da incongruência entre o que ele quer e o que ele pode. Sobre essa experiência radical, como sobre uma área ou solo, ele faz inúmeras outras. Viver é estar fazendo constantemente novas experiências. No entanto, todas estas inumeráveis experiências, que face à radical, podemos chamar "segundas", são meras modificações e variações de umas poucas e às quais podemos reduzi-las e que merecem ser denominadas "experiências categoriais". Entre estas, uma das mais importantes é a experiência de morte, entende-se da alheia, porque da própria não há experiência. A doutrina que alguns chamam de "existencialismo" e que hoje está tão em moda com um atraso de vinte anos[36], ao fazer da ideia da *própria* morte base de toda a filosofia, devia ter contado de forma mais substantiva com a condição de que *só* há *duas* coisas que a vida, a qual é sempre a de cada qual, em absoluto *não* pode ser, que *não* são,

---

36. Só como sintoma da puerilidade e inconsciência que atua em todo este reboliço da moda "existencialista", basta notar que o autor a quem se *atribuem* neste particular as principais teses – Heidegger – protestou contra o fato de que à sua filosofia seja dada o nome de "existencialismo". Assim, nada mais, nada menos. Daí em diante, em toda esta tendência, topamos com uma série de irresponsabilidades, de tolices e, em suma, de um típico "*señoritismo*, elitismo, intelectual".

pois, possibilidades de minha vida, que em *nenhum* caso podem acontecer. Essas duas coisas *alheias* à minha vida são o nascimento e a morte. Meu nascimento é um conto, um mito que outros me contam, mas ao qual não pude assistir e que é prévio à realidade que chamo vida. Quanto à minha morte, é um conto que nem sequer podem contar-me. Donde resulta que essa estranhíssima realidade que é minha vida se caracteriza por ser limitada, finita e, no entanto, por não ter nem princípio nem fim. É assim, a meu ver, que é preciso colocar o problema de minha própria morte, e não como o coloca o melodramático Senhor Heidegger[37].

Mas agora nos referimos a uma efetiva e *categorial* experiência que o homem faz: a da morte do próximo[38].

---

37. A análise formal de sua doutrina, especialmente neste ponto sobre a morte como "a mais própria possibilidade da vida", encontra-se em meu livro *Epílogo...*
38. Aqui se interrompe o manuscrito. Ver um antecedente do tema iniciado *En torno a Galileo,* lição v.

Anexo II

O Século

O *século* é hoje, quem o ignora?, uma unidade de medida temporal: são cem anos. Significa, pois, uma quantidade de tempo e a medida desta quantidade. Para nós, hoje, essa quantidade está de uma maneira muito precisa, determinada, medida: medem-na com rigor os relógios, sobretudo os relógios dos observatórios astronômicos – que por isso, porque *medem o tempo,* se chamam *cronô*-metros.

O Tempo, isso que os cronômetros quantificam e medem, é algo que consiste em passar. O tempo é, por excelência, aquilo que passa e os cronômetros contam sua passagem. É um passar incessante, infatigável, inexorável: não se detém jamais. É um fluxo. Parece um rio – o Tejo –, um rio em que tudo quanto existe está submerso. O Tempo é o Universo como rio.

O Tempo tem três dimensões, diríamos, três lados: é o Tempo presente – o agora, o hoje –, que tem às suas costas o passado, o ontem, e traz à sua frente o futuro, o amanhã. Graças a isto é o Tempo um poder, simultaneamente, generoso e criminoso. Instalados no presente, no agora, sabemos que o tempo vai suscitar amanhã coisas que hoje não são ainda, lhes vai dar vida, existência, realidade. Já estão aí, nessa misteriosa câmara do futuro, preparadas, germinando, fermentando, como que despertando, espreguiçando-se do infinito sono que é o nada, coisas para nossa nação, para nossa família e nossos amigos, para nós mesmos – coisas que ainda hoje não são, mas que serão amanhã. O Tempo é criador e, por isso, é generoso. *Generoso* em sua etimologia significa o que en*gen*dra.

Dessa câmara mágica que é o futuro as coisas passam ao presente, ao agora, a este instante em que estamos. O presente não é uma câmara, não é um âmbito – é, eu disse, um instante; é, pois, um ponto imperceptível que é a existência, a realidade das coisas e de nossa vida. Mas enquanto dissemos isto, esse presente, esse agora instantâneo em que estávamos já passou – e se fez definitivamente passado, pretérito. As coisas futuras que conseguiram ser por um instante deixaram já de ser. Nós mesmos somos já, em grande parte, outros, distintos do que éramos faz alguns minutos, e tinha muita razão o grande Descartes quando sustentava que Deus não só cria o homem quando este nasce, mas tem de recriá-lo de novo a cada instante para que continue sendo; de outro modo o tempo nos arrastaria ao passado definitivo, ao que já não é. O Tempo é terrível, senhores: cria as coisas, lhes dá ser e por isso é generoso, mas em seguida as mata, as assassina, e por isso é criminoso.

Mas, como veem vocês, não podemos falar do Tempo sem nos referir ao que faz com as coisas: ele as cria, as aniquila, as transporta do futuro ao presente e do presente ao passado; isto é, as faz passar. Com efeito, o Tempo não seria tempo sem as coisas. Tentem vocês imaginar que não houvesse senão Tempo, que não houvessem coisas. Então estaria aí o Tempo inteiro e todo – com todo o futuro e todo o passado –, *digo* que já ESTARIA aí todo ele, quer dizer, que não passaria, que não seria Tempo. Neste instante existiria todo o pretérito e todo o futuro – não haveria, a rigor, diferença entre pretérito e futuro, mas todo o infinito Tempo seria um presente. Imaginem vocês que este instante de nossa vida se dilatasse como um elástico, se distendesse e abarcasse tudo o que foi e tudo o que será, todo o infinito passado e todo o infinito futuro de modo que o Tempo íntegro estivesse aqui, presente, agora. Então o Tempo ficaria quieto, o rio ter-se-ia congelado – não passaria. Por isso mesmo, esse Tempo sem coisas, esse Tempo solitário não seria Tempo, mas bem ao contrário, porque isso, existir de modo que no presente se esteja vivendo simultaneamente todo o passado e se esteja vivendo todo o futuro, é precisamente o que se chama eternidade. Recorde-se a maravilhosa definição que Boécio dava desta: a eternidade, diz ele, é "interminabilis vitae tota simul ac perfecta possesio" – é a perfeita possessão de uma vida interminável, toda ela junta e de uma vez. Deus é assim – eterno e por isso não-tempo, no sentido de que não tem nada a ver com o Tempo.

Mas façam vocês agora um terceiro e último esforço de imaginação: não vou exigir-lhes mais nada. Imaginem um ser que tem que ver com o Tempo, que é temporal como nós o somos, que dura – mas que é imortal. Certamente, para esse ser o Tempo passa como para nós, mas como supomos que é imortal, para ele nunca acabará de passar. Este ser tem Tempo, tem um Tempo infinito. Não é eterno como Deus, que não tem que ver com o Tempo – mas é sempiterno, porque tem à sua disposição a infinitude do Tempo. Tem, como nós, um hoje, um ontem e um amanhã – mas como tem além disso infinitos hojes, infinitos ontens e infinitos amanhãs, tanto lhe fará um como outro. Que lhe importa? Se não consegue hoje fazer uma coisa lhe é igual, porque a fará um dia dentre os infinitos dias que tem à sua disposição. A um ser assim tudo lhe parecerá indiferente. Que lhe importará não acertar hoje uma coisa se sabe que tem infinitos dias para retificar seu erro? Tanto se lhe dá, pois, acertar como errar. Ademais, por que irá ele interessar-se hoje, precisamente hoje, por algo? Do mesmo modo poderá interessar-se por isso dentro de dez séculos, não é certo? A este ser imortal, por conseguinte, embora seja temporal, embora dure, lhe é indiferente o tempo – não o afeta – lhe é indiferente tudo e dirá como o poeta romântico:

Eu nada espero, nem dor nem riso.

Donde resulta este surpreendente, porém ineludível paradoxo: que um ser imortal tem tanto Tempo que pode impunemente perdê-lo e, por isso mesmo, é como se não o tivesse e é como se não fosse temporal. Pelo visto, o mais essencial do Tempo consiste em ser algo que se pode perder, que se pode gastar em vão – ou vice-versa.

Tempo é algo que é preciso aproveitar. Para tanto, é necessário um ser que tem Tempo, mas que tem pouco e tendo pouco não pode perdê-lo e tem de aproveitá-lo. Este ser, senhores, é o homem e o Tempo que tem é a duração normal de sua existência, que é o que chamamos "nossa vida".

Vemos, pois, que o Tempo, para ser aquilo que passa, necessita de coisas, de coisas que por ele passem, de coisas que primeiro são futuras, que logo são presentes, que ao fim são pretéritas. Mas isto equivale a dizer que para poder ser o Tempo aquilo que passa é mister que passe a alguém – às coisas e entre elas e, sobretudo, a nós, os homens. Este passar a algo ou alguém um certo tempo é durar.

"Vida humana" é, pois, para começar, uma certa duração normal da pessoa – um certo tempo que lhe é concedido e que é sempre escasso. A nossa vida falta sempre tempo; por isso essencialmente é ... *pressa*. Deixemos de lado – porque, felizmente, não interessa para a viagem que agora fazemos, embora seja fundamentalíssima – a terrível questão de que mesmo esse tempo normal de existir que temos nos é concedido, mas não nos é garantido como um automóvel que compramos. Estamos seguros de que, no melhor dos casos, não poderemos viver mais que entre noventa e cento e poucos anos. Em troca, não estamos seguros de que não vamos deixar de viver, de que não podemos morrer a qualquer instante, por exemplo, neste imediato que vai chegar. Morrer? O que vem a ser morrer? O que vem a ser deixar de ser? Não o entendemos bem e não vamos agora averiguá-lo. O certo é que se trata de algo terrível, que convida a que não se fale dele, e se se alude a ele que seja mediante eufemismos. Vocês já sabem como se dá nos jornais da Colômbia a notícia dos falecimentos. Diz-se: Ontem o Senhor Coriolano Pérez "ficou indiferente". Digamos, pois, que a qualquer instante o homem pode ficar indiferente. Mas repito que, afortunadamente, esta abismal questão não interessa a meu tema.

O que interessa sim é que o homem sabe que sua vida vai durar só um tempo dado – o qual, por conseguinte, se compõe de partes insubstituíveis, irreparáveis. Ao revés do que para aquele ser imortal, cada dia para o homem é único – é um dia de certos determinados dias que estão à sua disposição; se o perde, se não o aproveita bem é uma perda absoluta. Tem que aproveitá-lo, isto é, tem que acertar no que faz cada dia, e para acertar tem que esforçar-se, a fim de estar no certo – ou o que é igual, tem que *estar na verdade*. E aqui veem vocês como preocupar-se para descobrir a verdade não é uma curiosidade de alguns senhores que se chamam "homens de ciência" – nem de outros, mais importantes ainda, que se chamam "intelectuais", mas que a verdade é algo que o homem necessita inexoravelmente, porque necessita acertar para não perder o pouco tempo que tem. Daí porque, antes de tudo, para não perdê-lo lhe é forçoso ter claramente à vista esse tempo que lhe é concedido e lançar em partidas duplas o que já gastou e o que ainda lhe resta, e para isso tem que contá-lo. Como temos as horas contadas, temos que contá-las, e para contar o tempo temos de medi-lo e para medi-lo temos que buscar uma unidade de medida.

Suponho que vocês compreendem bem o que é uma unidade de medida. É uma coisa real, por exemplo, uma vara de metal que se aplica às demais e se vê quantas vezes elas contêm o comprimento dessa vara. Essa vara de metal é o metro. Para que os metros existentes em todo o mundo não variem de tamanho conserva-se cuidadosamente, no Bureau de Poids et Mesures, de Paris, um metro modelo ou arquétipo que é uma espécie de deus moderno, o deus do sistema métrico decimal. Mas antes de eleger o metro metálico como unidade de medida para as grandezas corporais, o homem durante milênios empregou como unidade de medida dos demais corpos aquilo que está mais ao alcance de sua mão, que é o seu próprio corpo; daí todas as unidades de medida tradicionais: o côvado, a polegada, tantos ou quantos dedos, palmos, a braçada, o pé, o passo[1].

---

1. Ver sobre o conceito do *saeculum,* a que estas páginas se endereçam, o princípio do capítulo x de *El hombre y la gente* (Madrid: Revista de Occidente, 1957).

COLEÇÃO ELOS
(Últimos Lançamentos)

51. *Quatro Leituras Talmúdicas*, Emmanuel Levinas.
52. *Yossel Rakover Dirige-se a Deus*, Zvi Kolitz.
53. *Sobre a Construção do Sentido*, Ricardo Timm de Souza.
54. *Circularidade da Ilusão*, Affonso Ávila.
55. *A Paz Perpétua*, J. Guinsburg (org).
56. *A "Batedora" de Lacan*, Maria Pierrakos.
57. *Quem Foi Janusz Korczak?*, Joseph Arnon.
58. *O Segredo Guardado: Maimônides – Averróis*, Ili Gorlizki.
59. *Vincent Van Gogh*, Jorge Coli.
60. *Brasileza*, Patrick Corneau.
61. *Nefelomancias: Ensaios sobre as Artes dos Romantismos*, Ricardo Marques de Azevedo.
62. *Os Nomes do Ódio*, Roberto Romano.
63. *Kafka: A Justiça, o Veredicto e a Colônia Penal*, Ricardo Timm de Souza.
64. *O Culto Moderno dos Monumentos*, Alois Riegl.
65. *Giorgio Strehler: A Cena Viva*, Myriam Tanant.

Este livro foi impresso em Cotia,
nas oficinas da Meta Brasil,
para a Editora Perspectiva.